高等职业教育“十二五”规划教材

向职场出发

——大学生职业素质培训启蒙

主编　王　悦

航空工业出版社

北　京

内容提要

选择职业是人生大事，因为职业决定了一个人的未来。那么，对于新时代的大学生来说，该如何选择适合自己的职业，如何为将来的精彩职业生涯做好准备呢？本书用充满现代感的语言，通过大量与真实职场相关的案例，帮助你分析当前的热门职业、紧缺职业和黄金职业等，让你对将来的职业有一个明确的认识。此外，本书还将告诉你如何提高自身职业素质，如培养情商、培养职业人格、培养学习能力等，从而为将来的精彩职业生涯做好准备。

本书可作为新时代大学生的职业生涯规划和职业素质培养用书，也可供广大希望规划自己的职业生涯，提高自己职业素质的读者参考。

图书在版编目（CIP）数据

向职场出发 ：大学生职业素质培训启蒙 / 王悦主编
. -- 北京 ：航空工业出版社，2013.9
ISBN 978-7-5165-0247-1

Ⅰ. ①向… Ⅱ. ①王… Ⅲ. ①大学生－职业选择－高等职业教育－教材 Ⅳ. ①G647.38

中国版本图书馆 CIP 数据核字(2013)第 208421 号

向职场出发——大学生职业素质培训启蒙
Xiangzhichang Chufa——Daxuesheng Zhiye Suzhi Peixun Qimeng

航空工业出版社出版发行
（北京市安定门外小关东里 14 号　100029）
发行部电话：010-64815615　010-64978486

北京市科星印刷有限责任公司印刷　全国各地新华书店经售
2013 年 9 月第 1 版　2013 年 9 月第 1 次印刷
开本：787×1092　1/16　印张：6.5　字数：146 千字
印数：1－3000　定价：22.00 元

编者的话

刚刚走过高考战场的你，面临着从中学到大学的各种转变；大学时光转瞬即逝，也许你还没调整好，又要经历从大学到职场的各种变化。大学时光是你生命中很重要的时间段。高考和就业都是你人生的转折点，后者对于刚刚踏入大学校门的你来说尤其关键。

这是个十倍速的年代。这是个证书膨胀的年代。这是个职业危机的年代。这是个充满选择的年代。从书山题海里解放出来的你，也许很容易失去方向，很容易焦虑困惑：我该向大学要什么？我在大学里该做什么？我该怎么做才能毕业后找到如意的工作？

对你而言，今天就已经踏上职业之路。你在大学的学习与生活，将决定你一生的职业性格，从而影响你一生的成败得失。

大量的事实和现代成功学研究表明，成功的人是有共性特点的，成功是有规律可循的。

自我定位，确立目标，职业规划，素养修炼，这一切都是你成功走向职场的有效途径。

这本读物，正是想和你一起，寻找度过大学的最佳方式，预定属于明天的成功，开启你的职业梦想之门。而真正的路，需要你自己追随着梦想的指引，勇敢而坚定地走下去，直到到达辉煌的顶峰！

编　者

2013 年 8 月

本书编委会

主　编：王　悦

副主编：宓　芳　车　岚　杨静红

编　委：贯　众　滕风清　衣龙飞　史冬梅
吕泽羽　杨　访　吕文颖　李金燕
孙晓静　张　雨　李　娜　王力召
刘　闻　林贝贝

大学生职业启蒙讲座

姓名：　　　　　　　　　　学号：

班级：　　　　　　　　　　系别：

身份证号码：

讲座题目：

主讲嘉宾：

大学生职业启蒙讲座

姓名： 学号：

班级： 系别：

身份证号码：

讲座题目：

主讲嘉宾：

大学生职业启蒙讲座

姓名：　　　　　　　　　　学号：

班级：　　　　　　　　　　系别：

身份证号码：

讲座题目：

主讲嘉宾：

大学生职业启蒙讲座

姓名：　　　　　　　　　　学号：

班级：　　　　　　　　　　系别：

身份证号码：

讲座题目：

主讲嘉宾：

目　录

第一篇　你的大学，你的职业生涯出发地

一、问问题

1．你觉得高考失利，多年寒窗苦读付诸东流？觉得失意甚至失败？

请你读一下林肯总统的履历表。这个和我们一样并非含着金汤匙出生的人，终其一生都在和挫折战争。

林肯总统的履历

1809 年 2 月 12 日生日。

1818 年（9 岁），母亲去世。

1831 年（22 岁），经商失败。

1832 年（23 岁），竞选州议员落选。

同年（23 岁），工作丢了。想就读法学院，但未获入学资格。

1833 年（24 岁），向朋友借钱经商。

同年年底（24 岁），再次破产。接下来，他花了 16 年时间才把债还清。

1834 年（25 岁），再次竞选州议员，这次赢了。

1835 年（26 岁），订婚后即将结婚时，未婚妻死了。

1836 年（27 岁），精神完全崩溃，卧病在床六个月。

1838 年（29 岁），争取成为州议会的发言人，没有成功。

1840 年（31 岁），争取成为选举人，落选了。

1843 年（34 岁），参加国会大选，又落选了

1846 年（37 岁），再次参加国会大选，这回当选，前往华盛顿特区。

1848 年（39 岁），寻求国会议员连任，失败。

1849 年（40 岁），想在自己州内担任土地局长的工作，遭到拒绝。

1854 年（45 岁），竞选美国参议员，落选

1856 年（47 岁），在共和党内争取副总统的提名，得票不足 100 张。

1860 年（51 岁），当选美国总统。成为美国历史上最伟大的总统之一。

林肯总统在面对挫折的时候，一定也会沮丧，甚至绝望，但他从来没有放弃过对自己目标的追求，从来没有停止过走向目标的脚步！

你的人生才刚刚开始，也许有小小的不如意，也许感觉一路走来还都身不由己。你现在要做的就是，停止没有任何意义的抱怨，拒绝没有方向的随波逐流，制订好自己的目标，向着你的理想出发。用勤奋和坚持填写你的人生履历表！

2．你是否觉得就读的不是你心仪的大学？你觉得好大学、高学历才会有好工作吗？

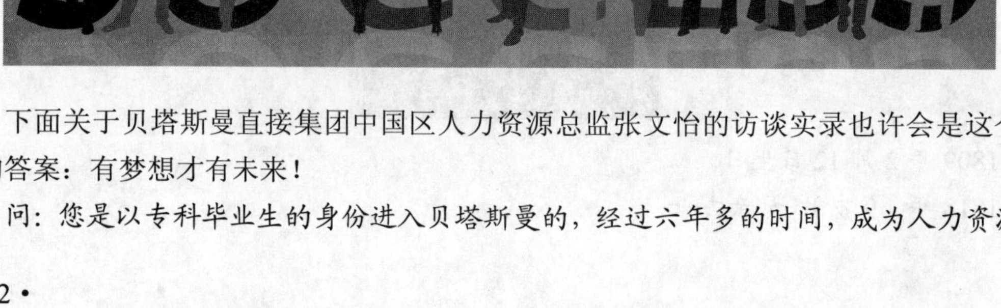

下面关于贝塔斯曼直接集团中国区人力资源总监张文怡的访谈实录也许会是这个问题的答案：有梦想才有未来！

问：您是以专科毕业生的身份进入贝塔斯曼的，经过六年多的时间，成为人力资源总

监。相信很多人想知道您成功的秘诀，能告诉我们吗？

张文怡：我想我的经历，对专科生来说，应该是一种鼓舞。我非常愿意与大学生们分享我在职业生涯中的感悟，其实这算不上什么成功秘诀。我想我的优势大概有3个方面。

首先，我非常热爱我的工作！我喜欢与人打交道，也擅长与人沟通，我在帮助别人成长的同时能够体会到自己的价值，所以即使工作再忙，我也不觉得累。面对再大的困难，我都会乐观地对自己说："这是一次难得的、宝贵的锻炼机会！"2002 年年底，贝塔斯曼直接集团旗下的两家公司因网站合并要进行组织架构整合，涉及上百个岗位的调整。那段时间，我几乎天天忙到很晚，与有关人员一起讨论、策划新的组织架构，在最大程度上支持并影响企业的业务经营。如此有挑战的任务让我非常有成就感。一位资深的前辈对我说，这是一个千载难逢的锻炼机会，处理好企业间的组织整合问题，会使你对人力资源管理领域的认识上一个台阶。

其次，我认为自己是一个善于学习、善于总结和善于改变的人。我是完全利用工作之余的时间，在没有任何导师指导的情况下完成本科学业的。这对我的自学能力绝对是一种考验，而且，这种自学的能力让我受益匪浅。我还是一个善于总结的人，在我的电脑桌面上有一个文件夹是"今天的学习小结"。我每天会思考今天和昨天有什么不一样，今天我遇到什么新的问题，有什么新的解决方法。

最后，我对自己的职业发展有很清晰的规划，对未来充满理想。我知道自己要的是什么。我刚进贝塔斯曼做培训讲师的时候，就希望将来的某一天能成为专业的人力资源管理者。我前进的每一步都走得很扎实。从培训讲师到培训主管，从培训主管到一线人力资源助理经理，再到人力资源服务经理，为公司内的五个企业提供人力资源服务。在此期间我遇到了各种各样的人力资源问题：企业薪资福利计划、培训与员工发展、绩效评估与激励、一线员工管理和精英人才管理等问题，得到了很多锻炼。同时，我也接受了很多在职培训，包括MBA短期课程培训、领导力培训、团队合作培训、顾客关系管理培训和心理学培训等。现在，我走上了人力资源总监的岗位。这对我来说，又是一个新的起点。

问：您会继续攻读MBA或者硕士研究生吗？

张文怡：我会的，我已经做好终身学习的准备。但我读书的目的绝对不是为了学位，而是希望能获得一些对工作具有指导作用的理论知识。

问：现在贝塔斯曼还欢迎专科生吗？

张文怡：专科生在我们这里同样是受欢迎的。大学毕业并不意味着学习生涯的结束，而是新的学习阶段的开始。现代社会发展的速度，让每一个人，无论什么学历，都要有终身学习的准备。学历只是一个方面，而良好的沟通能力、学习能力和创新能力才是你立足企业，不断发展的基础。只要能够与我们"以客户为中心，讲究团队合作，尊重每一个人，积极面对改变"的企业文化匹配，就是我们所需要的人。

问：今天一名专科生进入贝塔斯曼，还有像您这样的发展机会吗？

张文怡：当然有。机遇垂青有准备的人。不管你是何种学历层次，只要你有梦想，就有可能获得成功。

3．大学教育应该带给你什么？或者说在大学里你应该让自己学到什么？

下面关于欧莱雅中国公司大众化妆品部总经理赫伯乐和欧莱雅中国公司人力资源总监戴青的访谈实录也许会带给你一些启发。

问：在你们看来，中国大学生应该接受怎样的教育？

赫伯乐：环境对人有很大的影响。今天的中国学生相比过去有了很大变化，他们接受了更多来自外界的信息，参加了更多的社会实践，因此他们的头脑更加开放，更乐于探索新的事物。从这一角度看，中国的教育应更加开放，同时鼓励学生的个性发展，引导他们做自己喜欢做的事，积极去创新。

戴青：教育对学生的影响是非常巨大的。教育是一个过程，好的教育会让学生受益终身。在国外，有星期天学校。每个周末，家长会带着孩子去教堂，在教堂里听故事。姑且不论《圣经》里讲的是什么，但这种教育方式是值得我们思考的。

今天的教育，也要培养学生的个性和精神。个性和精神会使学生具有更强的生命力。社会环境可以变、国籍可以变，但是，教育给你的素质和能力不会变化。我觉得在上海交大五年的学习就让我受益匪浅。那时我们的班主任是个女教师，她很有爱心很负责，她反复对我们说，在这个社会里一定要有知识，要有竞争能力，并鼓励我们竞争，这在当时是很不容易的。她还对我们说，女性取得成功要比男性付出更大的代价，这用不着抱怨，不管在什么环境，自己要把握住自己，自己要靠自己。这些给了我很大帮助，在国外开拓业务时，我也经常想起当年学校的教育。

针对学生社会适应性问题，我觉得，大学应该更加社会化、更加国际化，要让学生更多地融入社会，教学要与国际接轨。记得十年前，很多同学出国时，他们最深切的感受是到了国外很难适应，要经历一个特别痛苦的蜕变过程，而现在这几年情况已经有所好转。我了解的新加坡学生，他们到国外生活几乎没有任何适应期，因为他们的教育国际化程度很高。从我们招聘的学生来看，来自内地的学生，他们的技术很出色，可是由于很少接触社会，他们对公司的架构几乎一无所知，不知道什么是真正的营运、营销，连 IT 部门在公司里扮演什么角色都不知道；而来自沿海地区高校的学生，打工经历很多，他们不但对公司的运作了如指掌，而且能够意识到在工作中良好的社会关系、协作关系的重要性，于是就有意识地努力培养自己这方面的能力。这样的人更得到公司的青睐。因此，大学生应更多参与社会实践。

4．你是否觉得职业院校比本科院校层次低，以后在企业的发展会受到限制？

下面的访谈来自英特尔中国软件实验室总经理王文汉。

问：不同学历的毕业生进入英特尔公司，会不会有不同的发展？在公司内部考虑晋升时，学历是不是一个重要因素？

王文汉：在英特尔公司里，考虑员工晋升时，从来就不把学历当做一个因素。学历只在一个人刚进公司的那段时间，发挥一定作用。由于我们对这个人不完全了解，不知道他对公司究竟会作出多大贡献，因此他的起薪是按照他的学历定的。但这之后的发展，完全取决于他自己的努力。有的硕士生可能不用功，那么他的工资待遇就会降下来，而一些本科生经过自己的努力，取得了优异的成绩，那么他就会更快得到晋升。我们现在有一个年轻的部门经理，就是本科毕业生。

不按学历评判一个人，这是英特尔的传统。英特尔架构事业部副总裁兼首席技术官的帕特·基辛格（Pat Gelsinger）先生就是一个很好的例子。基辛格先生进英特尔时，只有18岁，连大学也没进。但是由于他技术出众，晋升很快。在工作期间，他念了大学，后来又念了硕士。要知道，英特尔里有很多博士，可基辛格先生却是首席技术官，而且被认为是英特尔技术最好的主管之一。

二、想道理

1．无论你上哪所大学，毕业后都要去工作。大学生活只有几年，它后面的职场更加重要！

2．本科院校和职业院校没有层次高低之分，决定你进哪所学校的是你的高考分数，但能够决定你职业生涯和人生成败的既不是你上的那所学校，也不是你的高考成绩，而是你的心态！

下面的故事能告诉你心态对成功所起的作用。

蜘蛛和旁观的人

雨后，一只蜘蛛艰难地向墙上已经支离破碎的网爬去，由于墙壁潮湿，它爬到一定的高度，就会掉下来，它一次次地向上爬，又一次次地掉下来……

第一个人看到了，他叹了一口气，自言自语："我的一生不正如这只蜘蛛吗？忙忙碌碌而无所得。"于是，他日渐消沉。

第二个人看到了，他说："这只蜘蛛真愚蠢，为什么不从干燥的地方绕一下爬上去？我以后可不能像它那样蠢。"于是，他变得聪明起来。

第三个人看到了，他立刻被蜘蛛屡败屡战的精神感动了。于是，他变得坚强起来。

这个故事告诉我们，有积极的心态，才可能处处发现成功的动力，获得最终的成功。一个人能否成功，取决于以下因素：

（1）他是否有强烈的成功欲望；

（2）他是否有成功的心态；

（3）他是否有成功的潜能。

3．大学不是天堂，它是你走向职业生涯，开始精彩人生的出发地！

下面的两个故事想告诉你：大学不是你人生奋斗的终点。在大学阶段，你要有梦想！要准备出发！在大学里消极等待毕业，等待撞运气，是一件非常危险的事！

兄弟的故事

在一个贫困封闭的山村里。

弟弟说：我要到城里去。

哥哥说：你要有自知之明。

弟弟说：我要到海边去。

哥哥说：咱们祖辈都在这里生活，只有你异想天开，你怎么一点自知之明都没有？

弟弟却对哥哥的话将信将疑，依然怀揣走出山村的梦想。

长大后弟弟历尽艰辛到了城市，见了大海，而他的哥哥却老死在贫困的村子里。

兔子和乌鸦的故事

一只乌鸦坐在树上，整天无所事事。等到饿极了才飞去找吃的。

一只小兔子看见乌鸦，就问："我能像你一样整天坐在那里，什么事也不干吗？"乌鸦答道："当然啦，为什么不呢？"

于是，兔子便坐在树下，开始它无所事事的生活。

突然有一天，一只狐狸出现了。狐狸扑向兔子，把它给吃了。

4．职业生涯活动将伴随你大半生，缺少职业生涯规划的大学时光将充满盲目、茫然！

三、看事实

1．2004年，全国高校毕业生总数为280万，2005年达到338万，增幅达20.17%。2006年全国高校毕业生总数413万，2007年495万人，2009年592万人，2012年达到680万人。大学生就业形势严峻，就业压力逐年增加，很多大学生甚至一毕业就失业。

2．我国接受过高等教育的人口比例仅仅为5.7%，这对于我国正高速发展的社会经济来说，远远不够。因此，“大学生数量多”并不是造成大学生就业困难的主要原因。

3．一个人如果活到80岁，那么他在这个世界上生存的日子是29 200天。工作年龄从20岁到60岁的话，一个人与职业生活相伴的日子是14 600天。生命中的这14 600天就是你的职业生涯。它决定你一生的幸福与痛苦，成功与失败。因此，职业选择、职业规划对大学生来说至关重要！

4．2004年7月，重庆理念科技产业有限公司招聘了21名大学生。在随后4个月的时间里，该公司陆续开除了20名本科生，仅仅留下了一名大专生。这些大学生被开除的主要原因是他们的职业素养不符合公司的要求。

5．这是世界500强企业的高管为中国大学毕业生开出的病例单：

· 自信心不足
· 没有个性
· 不善于沟通表达
· 缺乏合作精神
· 缺乏实践经验
· 没有良好的组织行为能力
· 过分谨小慎微

- 反应速度慢
- 工作被动
- 不健康的职业态度
- 过分追求成功的速度
- 耐挫力弱

这些病症导致的直接后果是使他们失去了进入顶尖企业的机会或是难以在企业里获得持续性发展。虽然世界500强企业开出的“病例单”，是针对优秀人才的，但也值得我们进行反思：这些病症是否也同样出现在我们身上。

6．事实评点

今天的大学生面临着十分严峻的就业形势。这不但因为大学毕业生逐年增多，也由于一些用人单位的人才需求日益饱和。在这种状况下，全面提升自己成为唯一的选择。

在大学期间就培养职业意识，制订并实施职业规划，提高职业素质就是你在未来职场成功的最有力保障！希望下面两则轻松的寓言能够给你带来启发。

山猪磨牙的故事

一只山猪在大树旁辛苦地打磨獠牙。狐狸看到了，好奇地问：“又没有猎人来追你，也没有任何危险，为什么要这么用心地磨牙呢？”山猪答道：“你想想看，一旦危险来临，哪里还有时间磨牙。现在把牙磨利，等到要用的时候就不会慌张了。”

“未雨绸缪”这个成语，我们一定耳熟能详，可是等到事到临头才慌张准备的情况，却仍然屡见不鲜。没有充足的学识和能力的准备，当机会到来时只能眼睁睁地看着它溜走。

小鸟的故事

一只小鸟正在飞往南方过冬的途中。天气太冷了，小鸟冻僵了，它从天上掉下来，跌在一片农田里。一头母牛走了过来，在它身上拉了一坨牛粪。冻僵的小鸟躲在牛粪堆里，觉得牛粪真是太温暖了。牛粪让它慢慢缓过劲儿来。它躺在那儿，也不着急飞走，只觉得又暖和又开心，竟高兴地唱起歌来了。一只路过的猫听到了它的歌声，顺着声音，发现了躲在牛粪中的小鸟，非常敏捷地将它刨了出来并吃掉了。

十分严峻的就业挑战，会让很多人感到压力，但是，逆境也并不一定都是坏事，真正的坏事是，在这样的处境中依然悠然自得，意识不到危险，正如那只小鸟一样。

四、听建议

1．商品经济中，“没有疲软的市场，只有疲软的产品”。大学生就业也是同样的道理。

2．对于人生的职业追求，见仁见智，人言人殊，但都无一例外都要进行规划。

3．好的开始等于成功的一半。根据自身的情况，规划好职业生涯，规划好大学生活，马上开始，向新的目的地出发！

4．在大学里，不要做被动接受课堂知识和教学安排的“植物”，要做积极汲取职业素养的“动物”。

五、论观点

1．“没有目标会导致行动的盲目。很多学生之所以觉得自己面对用人单位的各种需求无所适从，是因为他们没有确定的目标。”——索尼（中国）有限公司副总裁张燕梅

2.“大学生应该有一个十分清楚的目标体系。这个目标体系可以十分容易地检验他的能力与素质。”——西门子中国有限公司人事部经理谢克海

3.“一个人要获得长远发展，必须从一个较低的起点，一步一步脚踏实地地做，这样才会有踏实的准备。”——伊斯曼-柯达公司全球副总裁、大中华区主席叶莺

4.“如果我是一名学生，我会从企业对人才的要求出发来思考自己应该具备哪些素质。”——富士通将军公司原CTO、空调技术所所长稻垣雄史

六、读案例

1．马云，阿里巴巴公司总裁，他创造了一种网络时代的文化，在3年时间里改变了数亿人的沟通习惯，并引领出一个全新的盈利模式。

2．池宇峰，金洪恩王朝的缔造者，他在4年时间里重塑了知识时代的学习方式，并轻松地把中国50%以上的多媒体软件市场份额收入囊中。

3．丁立国，德龙钢铁王朝的缔造者，他在6年时间里用学习打造了一个民营企业的钢铁王国，并让这个王国屹立在众多国内外钢铁企业中。

4. 刘明杰，商机互联集团董事长，在烟台创业7年，一路飞速成长，是未来青年领袖联盟发起人，“梦想赢天下”世纪成功论坛执行主席，2011年走上全球企业家峰会发表演讲。

他们成功时，年轻得让人难以置信；他们登上职业生涯高峰的速度，快得超乎人们的想象。这一切都源于他们清晰的职业目标规划！

美国作家盖尔·希伊通过一份内容十分广泛的“人生历程调查问卷”，间接访问了超过60 000个各行各业的精英人物，发现那些最成功的和对自己生活最满意的人都有一个非常重要的特点：他们一开始就会致力于制定一个职业生涯规划，尽管一些目标并非当时的能力所及。这些开拓者们很清楚自己想要的是什么，知道怎样做才能实现自己的梦想，所以他们到达了他们想到达的地方。

有句谚语说得好：“如果你不知道你要到哪里去，那你通常哪里也去不了”。踏进大学校门的你，其实已经踏上去职场的征程，赶紧定好方向，准备出发吧！

七、做实事

把下面的事情列入你马上行动的清单，今天就开始动手做！

1．客观地认识自己的大学，了解自己的专业，安心、踏实地开始自己的大学生活。以良好的心态迎接全新的挑战，塑造更好的自己。乐观积极的心态是最重要的，态度决定一切成败。

乐观者的故事

有人问乐观者："假如你一个朋友也没有，你还会高兴吗？"

"当然，我会高兴地想，幸亏我没有的是朋友，而不是我自己。"

"假如你正行走间，突然掉进一个泥坑，出来后你成了一个脏兮兮的泥人，你还会快乐吗？"

"当然，我会高兴地想，幸亏我掉进的是一个泥坑，而不是无底洞。"

"假如你被人莫名其妙地打了一顿，你还会高兴吗？"

"当然，我会高兴地想，幸亏我只是被打了一顿，而没有被他们杀害。"

"假如你在拔牙时，医生错拔了你的好牙而留下了患牙，你还会高兴吗？"

"当然，我会高兴地想，幸亏他错拔的只是一颗牙，而不是我的内脏。"

"假如你正在打瞌睡时，忽然来了一个人，在你面前用极难听的嗓门唱歌，你还会高兴吗？"

"当然，我会高兴地想，幸亏在这里号叫着的是一个人，而不是一匹狼。"

"假如你马上就要失去生命，你还会高兴吗？"

"当然，我会高兴地想，我终于高高兴兴地走完了人生之路，让我随着死神，高高兴兴地去参加另一个宴会吧。"

做个生活的乐观者，你才会收获乐观的明天。乐观不取决于你拥有什么，你面对什么，而在于你以什么样的心态对待自己的一切。

查尔斯王子的朋友

1997年12月，英国路透社发出一张英国查尔斯王子与一位街头游民合影的照片，这是一段让人惊叹的相逢！原来，查尔斯王子在寒冷的冬天拜访伦敦穷人时，意外遇见以前的足球球友。这位游民克鲁伯·哈鲁多说："殿下，我们曾经就读同一所学校。"王子问："在什么时候？"他说，在山丘小屋（Hill House）的高等小学，两人还曾经互相取笑彼此的大耳朵。

王子的同学，沦落街头，这是一段无奈的人生巧遇。曾经，克鲁伯·哈鲁多出生于金融世家，就读于贵族学校，后来成为作家。老天爷送给他两把金钥匙——"家世"与"学历"，让他可以很快进入成功者俱乐部。但是，在两度婚姻失败后，克鲁伯开始酗酒，于是逐渐把从一个名作家沦落为街头游民。

打败克鲁伯的是英国的不景气吗？不！是他的态度。从他放弃正面的"态度"那一刻起，他就输掉了一生。

态度比你的过去、教育、金钱和环境都来得重要，甚至比你的外表、天赋或技能更重要，它决定你人生的走向。

2．确立自己上大学的奋斗目标，完善自己的性格，培养良好的职业素质，以便毕业后顺利找到心仪的职业并在职场上获得成功。

石头的故事

从前，在同一座山上有两块相同的石头，三年后它们的命运却发生了截然不同的变化，一块石头受到很多人的景仰和膜拜，而另一块石头却受到别人的唾弃。这块石头极不平衡地说："老兄，三年前我们同为一座山上的石头，今天却产生这么大的差距，我心里特别痛苦。"另一块石头答道："老兄，你还记得吗？三年前，来了一个雕刻家，你害怕割在身上一刀刀的痛，所以告诉他只要把你简单雕刻一下就可以了，而我那时想象到未来的模样，不在乎割在身上一刀刀的痛，所以产生了今天的不同。"

不同的付出有不同的结果，惧怕痛苦的石头最终被人抛弃，而承载苦难的石头受人景仰。这正应了一句话："宝剑锋从磨砺出。"

大学生的职业发展，其实是从选择做一块怎样的石头开始的。你要选择毕业后的前途灿烂，就必须在大学期间，对自己精雕细刻；而如果你在大学期间碌碌无为，毕业后等待你的必定是前途黯淡。

当然，没有一个大一的学生会拒绝毕业之后的灿烂前途，而你的未来究竟怎么样，不在于你的想象，而在于你付出了多少，你是在用自己的行动对未来进行选择。

3．开始培养职业意识，树立职业观点，把大学当成自己职业生涯的起点，并以此指导自己的学习生活。

4．对大学，对自己，对未来的职业，要热爱，要有信心！

信心的故事

有个教授做过这样的实验，他把九个人领到一间黑屋子里，然后跟这九个人说，你们九个听我的指挥，走过这个曲折的小桥，千万别掉下去，不过掉下去也没有关系，底下就是一点水。九个人听完，在教授的指挥下迅速通过了小桥。在大家都过去以后，教授打开一盏黄灯，几个人往桥下一看，顿时吓了一跳，原来桥下不仅仅是一点水，还有好几条鳄鱼在游动！大家吓坏了，都说，“幸好没掉下去，早说的话，我们就不过了。”“那谁敢走回去？”没人敢走了。教授再说：“现在你们就想象自己走在坚固的铁桥上，用这种积极的心理暗示来诱导自己。”诱导了半天以后，三个人站了起来说可以试试。第一个人颤颤巍巍走了过去，时间多花了一倍；第二个人胆战心惊走到中间，吓趴下了；第三个人只走了三步，就再也不敢走了。教授把他们安顿好以后，打开了所有的灯，几个人这才看清楚，原来鳄鱼是真的，但在鳄鱼和桥之间有一层网，这个网是黄色的，在黄灯下看不到。大家一看有网，胆子就大了，哗啦哗啦就都过了桥。剩一个人仍然不敢过，教授问：“你在想什么呢？”他回答：“我担心那个网不结实，我还是会掉下去喂鳄鱼。”

八、看访谈

下面是索尼（中国）有限公司副总裁张燕梅的访谈实录。

问：据说您现在还担任北京大学商学院 MBA 教学顾问，您最想对在校大学生说的是什么？

张燕梅：人贵有自知之明。每个人对自己都应该有一个清晰客观的定位，知道自己的优势和不足。对于自己的职业生涯，大学生应该早做规划，在进入大学校门的时候，就要有自己努力的方向，知道自己今后想从事哪一行业，到什么类型的单位工作最理想。根据这样的定位，你才可以做好充分的准备，千万不能到了要离开学校的时候，才抱怨自己当初为什么进这所学校这个专业，才感慨四年白白浪费了。举个例子，如果你能在大学一、二年级时就知道你最希望从事的职业，那么你完全可以按照这一职业所提出的要求，利用大学这段宝贵时光，充实自己。

因此，对于在校大学生，需要逐步加强自己从校园人到社会人转变的意识，哪怕开始的时候只是一种意识。我们认为这样的思想在大学这个特殊阶段是必需的，这也是高等教育不同于基础教育的显著特点。换个角度，我们希望他们在学好专业知识的基础上能够全面提高自身的综合素质，尤其加强知识的应用能力，在为自身“硬件”扩容的同时，“软件”的升级也是必不可少的。

记者问：这是不是太急功近利？

张燕梅：这不是急功近利，而是有的放矢，掌握人生的主动权。没有目标会导致行动的盲目，很多学生之所以觉得自己面对用人单位的各种需求无所适从，是他们没有确定的目标或是他们的目标太多。我常说，每个人要知道“四个W和一个H”，即自己想干什么（What do I want to do　）？能干什么（what can I do）？在什么地方干（Where do I want to work）？在哪家公司干（Which Company do I want to work）？怎样干（How to work）？当然，目标也不是唯一的，不能盯死一家企业，把全部希望倾注于一家公司，你可以准备两三个相关的企业，作为你努力的目标。其实，结果在这个时候已经不是最重要的了，因为你已经在努力的过程中为未来做了充足的准备，这样，你就不会在走进社会时才发觉自己距离企业的要求是如此遥远。

第二篇　你的职业，你的目的地

一、你应该知道：职业，对你很重要

1．职业是人的第二生命。没有职业，“安身立命”、“成家立业”就无从谈起。

2．你的理想、价值、才智、能力、荣誉、地位、权利和福利，都与你的职业息息相关。

3．人的职业生活是人一生的主体，是人生旅程中最关键、最辉煌的阶段。

4．“成功”、“成就”、“有为”和“出息”等词语，都是形容人们在职业活动上的出众之处。

二、你一定知道：选择适合自己的职业，至关重要

1．选择职业就是选择人生。

2．只有了解自己，了解自己要从事的职业，才能帮助自己做出正确的选择。

“认识自己，改造自己”，这是我们一生都要努力追寻的目标。明白哪一种事情适合自己做，知道如何让周围的朋友喜欢自己，可以说是事业成功的关键。

认识自己，改造自己

日本保险业泰斗原一平在27岁时进入日本明治保险公司开始推销生涯。当时，他穷得连中餐都吃不起，晚上要露宿公园。

有一天，他向一位老和尚推销保险，等他详细说明之后，老和尚平静地说：“听完你的介绍之后，丝毫引不起我投保的意愿。”

老和尚注视原一平良久，说道：“人与人之间，像这样相对而坐的时候，一定要具备一种强烈吸引对方的魅力，如果你做不到这一点，将来就没什么前途可言了。”原一平哑口无言，冷汗直流。

老和尚又说：“年轻人，先努力改造自己吧！”

“改造自己？”

“是的，要改造自己首先必须认识自己，你知不知道自己是一个什么样的人呢？”

老和尚又说：“你在替别人考虑保险之前，必须先考虑自己，认识自己。”

“考虑自己，认识自己？”

“是的！赤裸裸地注视自己，毫无保留地彻底反省，然后才能认识自己。”

从此，原一平开始努力认识自己，改造自己，终于大彻大悟，成为一代推销大师。

3．选择感兴趣的职业，才能快乐工作。

选择感兴趣的职业，才能有工作的热情，才能心情愉快地工作。

以下访谈来自美国友邦保险有限公司资深副总裁陈润权，是关于工作和兴趣的一个很好的例子。

问：您对工作和个人兴趣怎么看？

陈润权：我认为，工作不能仅仅为了生活，必须对工作要有一定的兴趣，并且不要轻易放弃多年为之付出努力的专业。当然，这是相对而言的，与个人能力与素质也有一定关系，也许对于有些同学来说，能较好地做到这一点，而另一些同学，可能就会感到压力。

问：您觉得您从事的正是自己适合的工作吗？

陈润权：会计工作对一家公司来说是很重要的，他可以核算出成本效益，并影响资源的运用和需求。虽然单靠数字不能管理一家公司，但是它能从业务上很好地配合企业的发展，为企业的发展尽可能提供完善的依据。我很喜欢这一工作，并不认为其枯燥，反而觉得具有挑战性。

4．选择能发挥自身优势的职业，方能成功。

5．选择职业要根据自己的性格，扬长避短。

在美国，有一个关于成功的寓言故事，一直被职业经理人广泛流传。它取自于一本名为《飞向成功》的畅销书，唐纳德·克里夫顿博士是作者之一。

为了和人类一样聪明，森林里的动物们开办了一所学校。开学典礼的第一天，来了许多动物，有小鸡、小鸭、小鸟，还有小兔子、小山羊、小松鼠。而学校为它们开设了五门课程：唱歌、跳舞、跑步、爬山和游泳。当老师宣布，今天上跑步课时，小兔子兴奋地在体育场地跑了一个来回，并自豪地说："我能做好我天生就喜欢做的事！"而再看看其他小动物，有瘪着嘴的，有耷拉着脸的。放学后，小兔子回到家对妈妈说："这个学校真棒！我太喜欢了。"第二天一大早，小兔子蹦蹦跳跳来到学校。老师宣布，今天上游泳课，小鸭兴奋地一下跳进了水里，而天生怕水的兔子傻了眼，其他小动物也没了办法。接下来，第三天是唱歌课，第四天是爬山课……以后发生的情况，便可以猜到了，学校里的每一天课程，小动物们总有喜欢的和不喜欢的。

唐纳德·克里夫顿博士说，这个寓言故事寓意深远，它诠释了一个通俗的哲理，那就是"不能让猪去唱歌、兔子学游泳"。要成功，小兔子就应该去跑步，小鸭子就应该去游泳，小松鼠就得爬树。

"发挥你的优势，而不是纠正你的弱点"。这是成功的哲理，尤其在你即将面对挑战的时候，你已经没有时间来纠正自己的弱点了。唯一要做的，就是在能发挥你优势的地方，展示你的优势。而判断一个人是不是成功，最主要的就是看他是否最大限度地发挥了自己的优势。

6．不选择不适合自己的"好行业"。

7．自身的素质是选择职业的重要依据。

下面关于索尼中国有限公司副总裁张燕梅的访谈告诉了我们索尼聘用人才时注重哪些个人素质。索尼未必是我们选择的就业单位，但它关注的个人素养却对大学生具有一定的参考价值。

问：索尼公司在挑选人才时，注重应聘者哪些方面的素质？

张燕梅：我们经常会听到很多人把“爱好”与“业余”连在一起，说是“业余爱好”，似乎爱好都是业余的，是登不了大雅之堂的。其实爱好是发自内心地对一件事情的热爱，是可以促使事业获得成功的动力源泉。我们看到很多成功人士，他们会说自己有幸从事自己喜欢的工作，如果一个人做一件事的出发点是他的爱好，那么他会乐于工作，也就更容易出成果。

在招聘时我们会问，你搞坏了几台电视机？你搞坏了几台录音机？你小时候是不是把爸爸的手表折腾坏了？你家的收音机被你拆过几次？索尼是一家技术领先的企业，研发设计方面我们需要对电子、电器和机械设备感兴趣的工程师；市场营销方面我们需要有大胆创意和突发奇想的人才。“梦想”这个词在索尼的字典里恐怕是出现频率最高的词汇之一了。所以我们很关注对方是否具有好奇心，而通过对他过去经历的了解，追溯他小时候曾经干过的事，可以看出他是不是适合索尼这种善于创新的企业。“Do you dream in Sony”这句话我想不少人一定不陌生，这也是索尼向所有愿与索尼一道放飞梦想的“梦想家”们发出的召唤。

具体来讲，招聘的时候，不同部门对于人才有不同的要求。但总体来说，在索尼公司的企业文化中，创新精神和国际化意识是非常重要的两个方面，新员工在这些方面要能够融入企业文化中。

此外，工作热情、好奇心、冒险精神、执著精神、灵活性和乐观精神，这几个方面也都是索尼考察人才时比较看重的内容。

问：看上去你们不是在寻找员工，而是在寻找电器设备爱好者。

张燕梅：我们需要员工热爱所从事的职业。如果一个人能把自己的职业当成一番事业去经营，这就达到了一个很高的境界。当然，爱好有时只是个人行为，作为企业员工，必须具有团队精神；同样，有好的想法还不够，还要有说服力。只有让别人接受你的想法，才可能获得别人的支持与配合，如果别人不与你合作，便只有“孤芳自赏”了。也许你认为自己很聪明，但要把你的聪明让别人接受、赏识，才能算得上是真正的聪明。政治经济学中有“价值”与“使用价值”的辩证关系，同样的道理，聪明没有充分地发挥其应有的价值，也就失去了聪明的价值。

索尼的每一件产品，都是成百上千的工程师相互配合辛勤工作的结晶，在产品上面，不会有研发者的姓名，只有 S-O-N-Y 这四个字母。因此，我常常说，想独自搞科学研究，就不要进入企业，企业必须生产满足市场需要的产品。而这些要考虑的就决不单单是技术问题，我们要充分尊重顾客的选择，满足不同层次人的需求。这就需要你具有灵活性、变通性，不能太偏执，要学会变通。

问：是不是需要科学家的好奇心加上商人的精明？

张燕梅：还应该加上几点：毅力，有百折不挠的精神，但同时要豁达、乐观。

当你的想法被认可，就应该全力以赴去做，尽量把事情做好；可是任何事情都不可能一帆风顺，很多伟大的成功也是在经历了无数次的失败后才获得的。因此，你还必须豁达，不能一味地看重结果。如果担心失败而不去尝试，一遇到挫折就轻言放弃的话，是不可能取得最终的成功的。

问：那么，能否谈谈你们对学生的具体要求？例如，学业成绩、实践经验等。

张燕梅：我想说的是过去只能作为预测未来的参照，而不能代替现实。因此，我们不会单纯地强调对方的学历、经验和学业成绩，而是对他的能力素质进行全面评价。

评价一个人的能力、素质，我比较喜欢用智商（IQ）、情商（EQ）和管理商（MQ）的概念，管理商（MQ）= 情商（IQ）× 智商（EQ）。企业环境比较适合情商和智商两者乘积较高的人。例如，一个人技术业务能力很强，可他不善于沟通，对客户的需求不敏感，那么他将很难在企业的环境中得到长足发展。

另外，有些时候，考察一个人还受到一些看上去"非常规"因素的影响。例如，十个应聘者，在他们的学业成绩以及综合业务能力不分上下的时候，部门负责人会从与现有部门成员平衡的角度去考虑录用，如个性、爱好方面等。在难以取舍的时候，集体利益最大化才是最优先考虑的问题。

三、你或许知道：本世纪热门职业与紧缺职业

1．计算机技术类职业

2．电子通信职业

3．现代制造业的经营管理和工程技术类职业

4．生物工程技术类职业
5．建筑及装饰技术职业
6．家庭护理和服务类职业
7．咨询、策划类职业
8．医疗保健类职业
9．国际贸易和外语类职业
10．市场营销类职业
11．法律类职业
12．传媒与出版类职业
13．会计类职业
14．人力资源类职业
15．环境保护类职业
16．教育培训类职业

对于大学生来说，无论将来选择从事什么类型的职业，都需要具备一定的基础，并不是只要进入大学，拿到毕业证和几个专业技能证书就万事大吉了。

下面来自上海国际纸业有限公司总经理杨铭潜的访谈实录也许会带给你一些这方面的思索。

问：对现在的大学生，您有何评价？

杨铭潜：现在的大学生总体水平在不断提高，最为突出的是社会能力有很大增强。他们在上学期间开始更多地接触社会，同时对新鲜事物有很强的接受能力。我在GE工作时，招聘来的新学生，学东西非常快，任意给一个项目，在一定时间里他们都能很好地完成。相对来说，这些学生对专业范围的工作比较胜任，适合做专才，却缺乏比较开阔的视野、敏锐的洞察力和战略的意识，综合看问题的能力不足，缺乏深入性和广泛性，对企业的运行、管理经验也比较缺乏。

问：除此之外，他们还有哪些不足会影响到未来的发展？

杨铭潜：现在的大学生都对自己有很高的要求，对自己的发展寄予很大的期望，受整个社会风气的影响，他们普遍有一个倾向，即都希望以很快的速度，在进公司两三年内，做到部门主管的位置。我经常对大学生说，对事业要有耐心，不要一味追求速度，我们应该关注自己今天做好什么，而不是明天成为什么。当你努力做好今天的事情时，机会会在明天来敲你的门。

四、你未必知道：新一代白领人才的66个黄金职业

（一）企业管理人才

1．企业高管——芳踪难觅
2．项目经理——21世纪的黄金职业
3．品牌经理——前途无量
4．人力资源管理师——持续走强
5．信息管理师——凤毛麟角

（二）高级营销人才

6．策划人才——当代诸葛亮
7．公关人才——企业里的政治家

8．广告人才——总统也不换
9．营销人才——畅销不衰
10．需求分析师——市场的指路人
11．大客户经理——手握企业的生命线
12．营销讲师——企业中的传道者

（三）金融人才

13．基金经理——方兴未艾
14．证券经纪人——呼之欲出
15．股票分析师——股海导航
16．信息主管——金融弄潮儿
17．投资管理人才——掌握财富
18．保险精算师——金领中的贵族
19．资产评估师——风险投资带来的机遇
20．理财规划师——一份双“盈”职业

（四）IT 人才

21．网络策划师——“钱”景诱人
22．IT 行业顾问——市场专家
23．项目管理员——IT 业的脊梁
24．数据通信人员——技术骨干
25．知识经理——管理知识
26．IT 审计师——控制风险
27．“网络警察”——网上安全卫士
28．电子商务师——IT 新贵
29．IT 技术整合人员——电子商务的支柱
30．游戏专才——玩出来的职业
31．电脑美术设计人才——新兴美术师
32．反病毒人才——待填补的空白
33．软件测试工程师——年薪十万不是梦
34．网络存储人才——IT 业的核心人才
35．信息人才——信息时代的骄子

（五）房地产人才

36．房地产估价师——越来越火
37．房地产测量员——以毫厘计算财富
38．注册建筑师——价高人稀
39．房产策划师——“新居住时代”的新职业
40．物业管理——求职者的福音

（六）医药人才

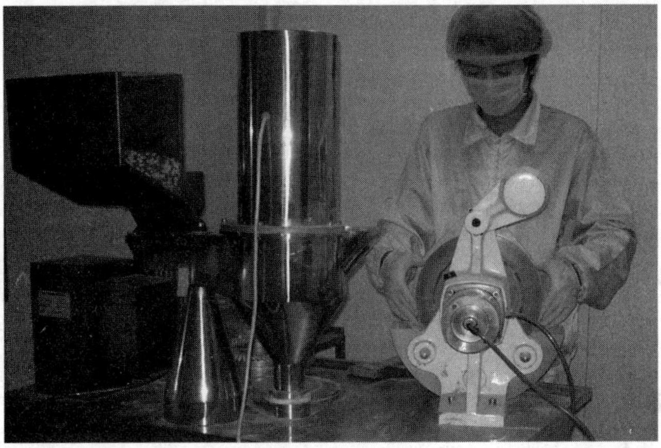

41．执业药师——白领中的新贵
42．营养师——屈指可数
43．生物制药技术人才——职场宠儿
44．高级医药代表——医药营销才俊
45．医药管理人才——人才争夺的焦点
46．心理咨询师——人人都需要
47．育婴师——育儿专家
48．私人保健医生——职场新秀
49．宠物医生——紧俏职业

（七）物流人才

50．物流师——掘取第三利润的淘金者

（八）经济人才

51．保险经纪人——长青职业
52．证券、期货经纪人——前途无限
53．房地产经纪人——房地产业的骄子
54．文化经纪人——捧起明星的人
55．体育经纪人——崛起的金领
56．购车经纪人——望眼欲穿
57．技术经纪人——科学技术产业化的桥梁

（九）服务业人才

58．高级秘书——复合型人才
59．形象设计师——展示人性美的职业
60．同声传译人才——需求看涨
61．调律师——即将走俏
62．涉外咨询师——日益走红
63．计算机速记人才——悄然凸现

64．拍卖师——一锤定音

（十）酒店旅游人才

65．导游——可以免费旅游的职业

66．茶艺师——茶文化的传播者

选择从事什么样的职业，不同的人出发点不同，但无论从什么角度讲，对职业的了解都是非常必要的，不能仅仅听个名字就做决定。现在许多大学生对很多行业和职业并不真正了解。

下面的访谈内容是关于我们再熟悉不过的零售行业。家乐福中国有限公司人力资源总监杨孝全的观点和你的看法有哪些不同呢？这个访谈是想提醒你一定要对职业有正确的认知。

问：零售业被认为是劳动密集型行业，它对大学生的需求情况如何？

杨孝全：由于广大消费者日益增长的消费需求和生活方式的丰富多样性，大型卖场在中国的零售行业中是一个十分具有前景的朝阳产业。以家乐福为例，1995 年在中国北京开设了第一家商店，至今已达到 39 家，聘用员工超过 20 000 多名，其中管理人员超过 2 000 名。由此看来，如果每年开 10 家店，就意味着要增加 10 个店长、50 个处长、350 个以上的部门经理，这为人才提供了大量的机遇和发展空间，可以说，这是其他行业、其他企业难以做到的。在家乐福，目前具有大学学历的超过 10%，他们绝大多数为管理人员。而在管理人员中，有 2/3 具有大学学历。零售业要得到更快更好的发展，我们需要更多具有高素质及综合能力的人才。

五、你要明确知道：确定职业目标非常重要

1．有了目标才会成功。

2．有什么样的目标就有什么样的人生。

3．无头的苍蝇只能撞在墙上，无目标的人生只能收获失败。

4．职业成功的要诀是先设定大目标，再将大目标分解成小目标，然后由小至大，逐一完成。

5．无论什么样的目标，都需要有实现的途径。目标和实现目标是两个概念。

被动等待，一切目标都会成空。培养“我要做事”、“我会做事”的态度和能力对实现小目标和大目标都非常重要！

买土豆的故事

A 和 B 都受雇于一家超级市场，开始时大家都一样，从最底层干起。可不久 A 就受到总经理的青睐，一再被提升，从领班直到部门经理。B 却像被人遗忘了一般，还在最底层混。终于有一天，B 忍无可忍，向总经理提出辞呈，并痛斥总经理用人不公。

总经理耐心地听着，他了解这个小伙子，工作肯吃苦，但似乎缺少了点什么，缺什么呢？他忽然有了个主意。

“B 先生，”总经理说，“请您马上到集市上去，看看今天有什么卖的。”B 很快从集市回来说，刚才集市上只有一个农民拉了一车土豆卖。“一车大约有多少袋，多少斤？”总经理问。B 又跑去，回来说有 10 袋。

“价格多少？”总经理又问。B 再次跑到集上。

总经理望着跑得气喘吁吁的他说：“请休息一会吧，你可以看看 A 是怎么做的。”说完叫来 A 对他说："A 先生，请你马上到集市上去，看看今天有什么卖的。”A 很快从集市

回来了，汇报说到现在为止只有一个农民在卖土豆，有10袋，价格适中，质量很好，他带回几个让经理看。这个农民过一会儿还要运几筐西红柿来卖，据他看价格还公道，可以进一些货。这种价格的西红柿总经理可能会要，所以他不仅带回了几个西红柿作样品，而且还把那个农民也带来了，他现在正在外面等回话呢。总经理看了一眼红了脸的B，说："请他进来。"

A由于比B多想了几步，于是在工作上取得了成功。

有两种人绝对不会成功：一种是除非人家要求他去做，否则绝不主动做事的人；另一种是即使别人要求他做，也做不好事的人。

主动与被动的区别在于"我要做"还是"要我做"。

六、你必须知道：理智的自我剖析必不可少

1. 你可以借助一些理论、测试工具，帮助你全面分析自己适合哪类职业。例如，SWOT分析，职业锚理论，橱窗分析和计算机测试等。

2. 你可以充分利用网络资源，帮助你完成对职业、对自我的认知。

3. 任何专家、任何理论以及任何测试都不可能代替你为你做出正确的职业选择。

4. 确立职业目标，既要了解职业，又要了解自己。

理智地对自我进行剖析，在择业中至关重要。如果你不清楚自己有何优势、有何劣势，不会分析自己真正想要什么，会导致择业过程中的盲目从众或患得患失，同样也会影响今后的工作。

三个石匠的故事

有一个古老的寓言故事：有个人经过一个建筑工地，问那里的石匠在干什么。三个石匠有三种不同的回答。第一个石匠回答："我在做养家糊口的事，混口饭吃。"第二个石匠

回答:“我在做很棒的石匠工作。”第三个石匠回答:“我正在盖世界上最伟大的教堂。”

这三个石匠，虽然做着同样的工作，但是他们对待工作的态度却完全不同。同样的工作在一个人看来只是为了生存，为了养家糊口，而在另一个人看来，却是他毕生追求的事业。

明白自己的需求，才可能给自己的人生定位，找到自己喜欢的、适应的工作。这当然只是一方面，因为即使你希望自己在某一行做某一工作，还需要用人单位选择你，看你能否胜任他们所交办的工作，你是否是他们所需要的人。

对于这个问题，世界500强高管的建议是：

（1）分析自己的性格、气质。一个人的性格和气质对所从事的工作有一定的影响，如果能从事与自己的性格、气质相符的工作，会更容易出成绩。不妨问一下自己：是喜欢与事情打交道，还是喜欢与人打交道？是喜欢挑战性强的工作，还是安稳的工作？

（2）分析自己的价值取向。问一问自己究竟想做什么，自己想在哪一方面有所发展？想成为什么样的人才？换句话说，自己的“满足感”是什么、“价值标准”是什么以及你是否考虑过你求职中最关心的是什么。这个问题是希望你能清楚自己求职时到底注重些什么，哪些是主要的，哪些是次要的；你更看重的是自身的发展机会，还是工作机会、工作报酬、工作环境或其他方面。

（3）测评自身综合素质、能力。例如，学习成绩在全专业中的名次，自己的兴趣、特长和爱好，自己有何出众的能力（包括潜能）等。

（4）评价自己的择业优势与劣势。寻找扬长避短之道。

第三篇　你的职业素质，你的装备

一、专家观点

1．职业规划师洪向阳认为，高职院校的学生应从最基本的处理职业心态开始，建立起“未来是有希望的”信念；其次是确定职业定位，即未来到底适合从事怎样的工作；再次，职业素养是提升毕业生就业竞争力的关键要素。事实表明，人力资源市场对就业竞争力的导向已经向职业素养偏移。职业素养是就业的敲门砖，它对高职学生就业竞争力具有弥补、调节和促进作用。只有不断加强学生职业素养的培养，促进高职学生全面发展，才能提升就业竞争力，才能立足岗位、融入社会。

2．美国耶鲁大学的心理学家斯腾伯格认为，“学业智力”与现实生活很少发生联系，而“成功智力”才能帮助人实现职业发展目标。高考成绩虽然决定了你的起点，但无法决定你的终点！

3．企业越来越重视的，是年轻人的综合素质，而不只是学历或经验。你的毕业证和打工经历并不是把你送往理想职场的万能钥匙。

下面关于西门子中国有限公司人事部经理谢克海的访谈记录也许会带给你一些启示。

问：现在大学毕业生的综合素质情况，您能进行一下评价吗？

谢克海：总的来说，大学毕业生的专业知识方面还是不错的，这主要指书本知识，他们的商务知识和市场知识相对比较薄弱，但我认为这怨不得他们。经验不应该成为对大学生考察的重点，经过一段时间积累，他们会增加经验的。从能力角度说，大学生喜欢变革，比较积极主动，愿望很强，但缺乏沟通能力，对环境的敏感性以及质量意识也相对欠缺。客观上说，相当一部分人不具备把一件事说清楚的能力。我们不要太多地奢谈演讲才能、辩论才能，而且我很反感大专辩论赛的形式，那不是在辩论，那是在吵架，对学生只能是误导，一家公司的会议如果要开成那样就乱套了。

所谓把一件事讲清楚，就是把出现的问题、问题的背景、可能的解决方案是什么、要花多少钱以及要与哪些部门配合，都清楚地讲出来。有的员工，可能只知道问题是什么，至于问题的背景、现场如何解决问题和流程如何却一概不知。还有的员工只能看到问题的某些方面，而看不到问题的另一些方面。看不清问题，也说不清问题；或者看清了问题，却说不清问题，都是缺乏沟通能力的表现。因此我经常说，我们的硬盘要特别好，打印机也要特别棒，要有清楚的思维方式，也要有很强的沟通能力。还有我们许多人普遍缺乏质量意识，桌子有个污点，墙壁掉块皮，我们往往不以为然，因为可以继续用，但这对于很多德国人来说是不能容忍的。

刚才我提到大学生的成功欲望很强，但他们有时会有不切实际的期望。我看过一份报告，这份报告对一万多名学生进行调查，其中有 50%左右的学生认为，35 岁前将达到自己职业生涯的顶峰；还有超过 50%的学生认为，将为第一个雇主工作两年时间。我觉得这反映出有些学生十分浮躁，35 岁就达到职业生涯的顶峰，那以后干什么呢？是不是就退休了？为第一雇主工作两年时间，难道两年时间就可以把一家公司吃透吗？我在西门子八年了，还感到有很多东西可学。

4．素历是一个人的素质训练经历。在这个素历时代，“通货膨胀”的各种证书能代表一定“能力”，但企业选择的是“能做事”和“会做事”的人，实用性和提升性培训经历才是求职者实力的最好证明。

5．职业生涯的成功源于职业素质的修炼。

以下关于 3M 公司中国有限公司常务董事兼总经理余俊雄的访谈，反映的是最受企业欢迎的人才素质模式。如果你在这样的企业里，是否可以发挥出自己的优势呢？

问：3M 在招聘人才时，主要考核他们的哪些素质？

余俊雄：人不可能十全十美。要一个刚毕业的学生，既有高学历，又有社会经验，工作能力还很强，这几乎是不可能的。我们主要关注他的态度，他是否真心喜欢具有创意的工作，对自己的工作是不是有很多的设想。如果每个企业都要有工作经验的人，那谁来要刚毕业的大学生？3M 在国内有工厂、销售部和技术中心，因此我们招聘的人员有工人，也有专科生、本科生、研究生和博士生。我们对他们的要求是热爱 3M 公司，能够接受并融入公司的文化。

6．职场上的高薪者，往往是那些从大一开始，就对自己的职业进行规划，然后在整个大学中为之付出努力的学生。

7．著名经济学家钟朋荣说：“无论在职场还是在学校，你是否为别人接受，你是否有领导力，你是否有成就感，这些东西不仅仅来自于外界的肯定或者给予，真正的成功者是从自我的素养和心灵修养开始的。”

二、名人指点

微软前全球副总裁李开复先生将 21 世纪需要的人才所具有的鲜明特点概括如下：

1．融会贯通

2．创新与实践相结合

3．跨领域的综合性人才

4．三商兼高：高智商（IQ），高情商（EQ），高灵商（SQ）

5．沟通与合作

6．从事热爱的工作

7．积极乐观

三、职业素质知识点

（一）成功职业生涯的素质条件

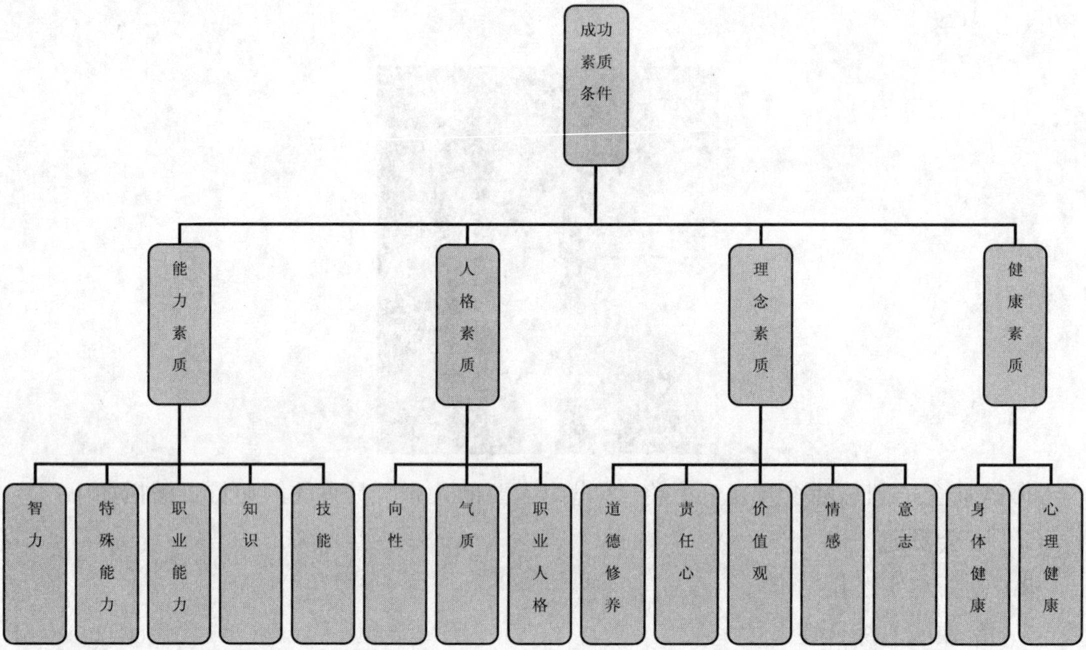

以上为成功职业素质条件的图示。在你的整个大学时光，都要努力修行，为你的职业，为你的明天，为更好的你自己！

1．健康素质

健康素质包含两个方面，即身体健康和心理健康。

身体在人发展的每个阶段都是重要的，因此要注意保持身体的健康。大学生在大学期间要培养体育爱好，乐于锻炼身体。要了解自己的身体状况，养成健康的生活行为习惯，保持身体健康。

与身体健康相比，有些大学生的自我心理调节能力相对滞后。许多大学生就业时心理特征为：知识化程度高而社会化程度低；情绪波动度高而自抑程度低；自我认可度高而人际协调力低；成才急切度高而抗挫能力低。大学生的心理正处于成长期，要具备一定的心理健康常识，善于调节自己的心理状态，保持乐观豁达的心态。

2．能力素质

一般能力即智力。智力是人的基本能力，其内容和结构包括感知力、记忆力、思维力和想象力四个方面。联合国的“21 世纪全球开发计划”指出：“智力（Intelligence）并非是一个单向度概念，除了基本智商（IQ），它还包含了人的更多能力：成就智商（AQ）、道德智商（MQ）、情感智商（EQ）和体能智商（PQ）等。

特殊能力包括组织能力、管理能力、领导能力、控制能力、语言能力、数学计算能力、空间判断能力、动作协调能力（眼、手动作协调）和特殊从业能力等。例如，飞行员除了视力好以外，还要求对空间距离的准确判断，要求两眼具有良好的深度感。

3．其他素质

对大学生来说，还应当具有道德素质，专业素质，社会交往和适应素质，学习、创新方面的素质以及审美素质。

（1）道德素质

道德素质的培养主要是培养自身的道德认识、道德情感、道德意志、道德行为、道德修养和组织纪律观念等内容，也就是通常所说的要有职业道德感。

（2）专业素质

作为当代大学生要有坚实的专业基础知识，要有过硬的专业技能。在激烈的竞争中，专业技能的扎实是被用人单位看重的重要因素之一。专业素质的培养应着力培养自己的专业知识、专业理论、专业技能、必要的组织管理能力等。

（3）社会交往和适应素质

“人脉”是大学生创业的重要基础，也是大学生事业成功的重要保证和依据。大学生应该不断学习更多的交往常识及人际交往艺术，这样自己才会进步。社会交往和适应素质的培养应着眼于语言表达、社交和社会适应能力这三方面。

（4）学习、创新方面的素质。

学习是一个终身的任务，创新意识和能力来源于不断的学习。当今科技日新月异，为了不落后于时代，走在时代的前列，就必须时刻的学习。学习、创新方面的素质提高必须着眼于学习能力、信息能力、创新意识、创新精神和创新能力。

（5）审美素质

很多大学生缺乏审美观，主要是缺少审美能力，没有审美意识。审美素质的培养主要包括美感、审美意识、审美观、审美情趣和审美能力等 5 个方面。

（二）职业素质主要修炼项目

惠普前政府行业中国区销售经理杨路认为，如果把整个职业比喻为一棵树，那么，职业理念就好比树根，职业精神就好比树皮，职业心态就好比树干，职业技能就好比树叶，职业形象就好比花朵，职业素质就是其果实。

1．树立职业理念

职业理念是一个人职业素质的基础，支撑着职业素质的提高和发展。

2．塑造职业精神

职业精神为一个人的职业生涯提供必要的支持，是职业生涯的重要保障。

3．培养职业心态

一个人职业的成败，主要取决于职业心态。一个人的职业心态越好，他的职业发展就越顺利、越稳定并且越长久，继而成为职业精英。

4．提升职业技能

职业技能可以帮助一个人在企业中拥有立足之地，体现出自身的价值。职业技能是一个人立足职业生涯的根本，只有具备专业技能的人才有可能在事业上取得丰硕果实。

5．打造职业形象

将自己修炼成为符合职业身份，称为被喜欢、被尊重以及被崇拜的职业人是每一位职业人必须要做的事情。

在培养职业素质的进程中，一个人不断进步，不断完善，最终在职场上展现给别人的是个人品牌溢价，个人情绪管理，个人涵养与品位的综合素质和品质。

在职业生涯中，没有人可以随随便便成功。个人修养，职业素质，不是一言概之的抽象概念。读一读这位世界石油大王、亿万富翁写给儿子的信，也许你会从中感悟到成功的要素。

洛克菲勒写给儿子的信

亲爱的约翰:

斯科菲尔德船长又输了，他输得有些气急败坏，一怒之下把他那根漂亮的高尔夫球杆扔上了天，结果他只得再买一个新球杆了。

坦率地说，我比较喜欢船长的性格，人生奋斗的目标就是求胜，打球也是一样。所以，我准备买个新球杆送给他，但愿这不会被他认为是对他发脾气的奖赏，否则他一发不可收拾，我可就惨了。

斯科菲尔德船长还有一个令人称道的优点，尽管输球会令他不高兴，但他认为赢本身并不代表一切，而努力去赢的做法才是最重要的。所以在输球之后，他从不找借口。事实上，他可以以年龄太大、体力欠佳来解释他输球的理由，为自己讨回颜面，但他从来不这样做。

在我看来借口是一种思想病，而染有这种严重病症的人，无一例外的都是失败者，当然一般人也有一些轻微的症状。但是，一个人越是成功，就越不会找借口，处处亨通的人，与那些没有什么作为的人之间最大的差异，就在于不找借口。

只要稍加留意你就会发现，那些没有任何作为，也不曾计划要有番作为的人，经常会有一箩筐的借口来解释：为什么他没有做到，为什么他不做，为什么他不能做，为什么他不是那样的。失败者为自己料理“后事”的第一个举动，就是为自己的失败找出各种理由。

我鄙视那些善找借口的人，因为那是懦弱者的行为；我也同情那些善找借口的人，因为借口是制造失败的病源。

一旦一个失败者找出一种“好”的借口，他就会抓住不放，然后总是拿这个借口对他自己和他人解释：为什么他无法再做下去，为什么他无法成功。起初，他还能自知他的借口多少是在撒谎，但是在不断重复使用后，他就会越来越相信那完全是真的，相信这个借口就是他无法成功的真正原因，结果他的大脑就开始怠惰、僵化，让努力想方设法要赢的动力化为零。但他们从不愿意承认自己是个爱找借口的人。

偶尔，我见过有人站起来说：“我是靠自己的努力而成功的。”到目前为止，我还未见过任何男人或女人，敢于站起来说：“我是使自己失败的人。”失败者都有一套失败者的借口，他们将失败归咎于家庭、性格、年龄、环境、时间、肤色、宗教信仰、某个人乃至星象，而最坏的借口莫过于健康、才智以及运气。

最常见的借口就是健康的借口，一句“我的身体不好”或“我有这样那样的病痛”，就成了不去做或失败的理由。事实上，没有一个人是完全健康的，每个人多少都会有生理上的毛病。

很多人会完全或部分屈服于这种借口，但是一心要成功的人则不然。盖茨先生曾为我引荐过一位大学教授，他在一次旅行中不幸失去了一条手臂，但就像我所认识的每一个乐观者一样，他还是经常微笑，经常帮助别人。那天在谈及他的残障问题时，他告诉我：“那只是一条手臂而已。当然，两个总比一个好，但是切除的只是我的手臂，我的心灵还是百分之百的完整和正常。我实在要为此感恩。”

有一句老话说得好：“我一直在为自己的破鞋子懊恼，直到我遇见一位没有脚的人。”庆幸自己的健康比抱怨哪里不舒服要好得多。为自己拥有的健康感谢，能有效地预防各种病痛与疾病。我经常提醒自己：累坏自己总比放着朽坏要好。生命是要我们来享受的，如果浪费光阴去担忧自己的健康而真的想出病来，那才是真正的不幸。

“我不够聪明”的借口也很常见，几乎有95%的人都有这种毛病，只是程度不同而已。这种借口与众不同，它通常默不做声。人们不会公开承认自己缺少足够聪明才智，多半是在自己内心深处这么想。

我发现大多数人对“才智”有两种基本错误的态度：太低估自己的脑力和太高估别人的脑力，因为这些错误，使许多人轻视自己。他们不愿面对挑战，因为那需要相当的才智。认为自己愚蠢的人才是真正愚蠢的人，他们应该知道，如果有一个人根本不考虑才智的问题，而勇于尝试，也能够胜任得很好。

我认为真正重要的，不在于你有多少聪明才智，而是如何使用你已经拥有的聪明才智。要成为一个好的商人，不需要有闪电般的灵敏，不需要有非常惊人的记忆，也不需要在学校名列前茅，唯一的关键，就是对经商要有强烈的兴趣和热心。兴趣和热心是决定成败的重要因素。

事情的结果往往与我们的热心程度成正比。热心能使事情变好一百倍一千倍。很多人并不知道什么叫热心，所谓热心就是“这是很了不起的”的那种热情和干劲而已。我相信才智平平的人，如果有乐观、积极与合作的处世态度，将会比一个才智杰出却悲观、消极也不合作的人，赚得更多的金钱，赢得更多的尊敬，并获得更大的成功。一个人不论他面对的是烦琐的小事、艰巨的任务还是重要的计划，只要他执著热忱地去完成，成果会远胜于聪颖但是懒散的人。因为，专注与执著占了一个人95%的能力。

有些人总在呻吟感叹：为什么很多非常出色的人物会失败呢？我可以永远不再让他们叹息：如果一个绝顶聪明的人总在用他们惊人的脑力，去证明事情为什么无法成功，而不是用以引导自己的心力去寻找迈向成功的各种方法，失败的命运就会找上他们。消极的思想牵引他们的智力，使他们无法施展身手而一事无成。如果他们能改变心态，相信他们会做出许多伟大的事情。

想成大事却不懂得思考的大脑，也就是一桶廉价的浆糊而已。

引导我们发挥聪明才智的思考方式，远比我们才智的高低重要。即使是学历再高也无法改变这项基本的成功法则。天生的才智的教育程度不是业绩好坏的原因，而是在于思想管理。那些最好的商人从不杞人忧天，而是富有热忱。要改善天赋的素质绝非易事，但改善运用天赋的方法却很容易。

很多人都迷信所谓的知识就是力量。在我看来，这句话只说对了一半。拿才智不足当借口的人，也是错解了这句话的意义。知识只是一种潜在的力量，只有将知识付诸应用，而且是建设性地应用，才会显出它的威力。

在标准石油公司永远没有活字典式的人物的位置，因为我不需要只会记忆、不会思考的“专家”。我要的人是真正能够解决问题，能想出各种点子的人，是有梦想而且勇于实现梦想的人。有创意的人能为我赚钱，只能记忆资料的人则不能。

一个不以才智为借口的人，绝不低估自己的才智，也不高估别人的才智。他专注运用自己的资产，发掘他拥有的优异才能。他知道真正重要的不在于他有多少才智，而在于他如何使用现有的才智，如何善用自己的脑力。他认为自己的心态比才智重要；他有要建立"我一定赢"的态度的强烈渴望；他知道要运用自己的才智积极创造，用他的才智寻找成功的方法，而不是用来证明自己会失败；他还知道思考力比记忆力更有价值，他要用自己的头脑来创造、发展新观念，寻找更好的做事新方法，并随时提醒自己：我是正在用我的心智创造历史呢，还是只是在记录别人创造的历史？

每一件事的发生必有原因，人类的遭遇也不可能碰巧发生。所以，有很多人总会把自己的失败怪罪于运气太坏，看到别人成功时，就认为那是因为他们运气太好。我从不相信什么运气好坏，除非我认为精心筹备的计划和行动叫"运气"。

如果由运气决定谁该做什么，每一种生意都会瓦解。假设标准石油公司要根据运气来彻底进行改组，就要将公司所有职员的名字放入一个大桶里，第一个被抽出的名字就是总裁，第二个是副总裁，就这样顺序下去。很可笑吧？但这就是运气的功能。

我从不屈从运气，我相信因果定律。看看那些似是好运当头的人，你会发现并不是运气使然，而是准备、计划和积极的思想为他们带来美景。再看看那些"运气不好"的人，你会发现背后都有明确的成因。成功者能面对挫折，从失败中学习，再创契机。平庸者往往就此灰心丧气。

一个人不可能靠运气成功，而是要付出努力的代价。我不妄想靠运气获得胜利等生命中的美好事物，所以我集中全力去发展自我，修炼出使自己变成"赢家"的各种特质。

借口把绝大多数的人挡在了成功的大门之外，99%的失败都是因为人们惯于寻找借口。所以在追求事业成功的过程中，最重要的一个步骤即为：防止自己找借口。

爱你的父亲

四、重点装备盘点

职业素质的培养与提高不是一朝一夕之功。有了职业素质的意识与规划之后，要在日常的学习和生活中不断进行训练、积累，最终在大学毕业之时带着这份收获，从容走向职场，走向成功。你的职业素质有多高，就意味着你进军职场的装备有多精良。

（一）培育情商

情商可以通过学习获得。它不只是一个概念，而是可以学习、掌握和提升的一种能力。这种能力的核心包括自我认知、管理情绪、自我激励和正确处理人际关系 4 个方面。

提高情商我们需要做到以下几点。

1．正确评价自我。我们要“以人为镜”，从比较中认识自己。当自我评价与周围人的评价有较大的相似性时，就表明自我认识能力较好。

2．了解和分享别人的看法和感受。学习用“同理心”去了解和分享别人的观点和情绪感受。摒弃传统上以“评价性”的方式处理另一个人的事情。你要明白，事实上，每一个人的大脑推动身体做出行为的基本推动力来源是感觉而不是道理。

3．利用生理机能来管理情绪。

（1）你可以用不同的方法运动你的身体，并养成一些“有力的动作”。这些从容的、有力的和敏捷的动作让你马上就有充实感。你可以利用你的声音让自己感觉有冲劲。用强有力的声音说话，速度快一些，将声音从胸腔的较深处发出来。

（2）改变你的呼吸方式可以马上改变你的情绪。相较于从胸腔上层发出的浅呼吸，从横膈膜发出的深呼吸可以产生完全不同的情绪。

（3）彻底地改变脸部表情，可以马上改变你的感觉。

（4）改变你所摄取的饮食内容可以增进健康及体能。

4．控制并集中你的注意力

（1）你身体有什么样的感觉及体验，完全取决于你在那一段时间内将注意力放在什么地方上。

杯子，还是湖泊

一位年老的印度大师身边有一个总是抱怨的弟子。

有一天，他派这个弟子去买盐。

弟子回来后，大师吩咐这个不快活的年轻人抓一把盐放在一杯水中，然后喝了。

“味道如何？”大师问。

“苦。”弟子龇牙咧嘴地吐了口唾沫。

大师又吩咐年轻人把剩下的盐都放进附近的湖里。弟子于是把盐倒进湖里，大师说：“再尝尝湖水。”年轻人捧了一口湖水尝了尝。

大师问道：“什么味道？”

“很新鲜。”弟子答道。

“你尝到咸味了吗？”大师问。

“没有。”年轻人答道。

这时，大师对弟子说道：“生命中的痛苦就像是盐，不多，也不少。我们在生活中遇到的痛苦就这么多。但是，我们体验到的痛苦却取决于它盛放在多大的容器中。”

所以，当你处于痛苦时，你需要开阔你的胸怀——不要做一只杯子，而要做一个湖泊。

（2）在任何时候，你都要“删除”一些你周围的事物。也就是说，在需要捕捉不好的感觉时，你就必须“删除”（不去注意，不去想）你生命中感到高兴的事；反之，在需要让自己快乐起来的时候，你就必须“删除”任何会让你消沉的事物。这个“删除”的过程是一个人在平衡自我心神情绪时一个很重要的部分。然而，它也可以间接让你发泄堆积在心中的愤怒。

5．善于自我激励

（1）除了学校，父母的激励外，你还要学会自我激励，以使自己一直充满干劲。激励让你充满激情，让你感觉到学习、工作和生活的乐趣。当你通过努力达到自己的一个目标后，要适时奖励自己：买点自己喜欢的东西，吃顿好饭，睡个饱觉或出趟远门等都可以。

（2）多给自己一些积极的心理暗示。遇到困难时，多想一些其他开心的事情，听听音乐，眼往窗外。把每一次失败当成最后一次，相信“否极泰来”。

戈登·布朗的故事

戈登·布朗出生在苏格兰一个普通的牧师家庭，从小志向远大。然而高中快毕业时，布朗遭遇变故。在同教师举行的一场橄榄球赛中，他被球击中头部，左眼视网膜脱落，他在医院待了几个月，双眼均缠上绷带，接受了三次眼部手术，受尽煎熬。但是他最终不得不接受左眼失明的事实。

对于一个风华正茂的有志少年来说，失去一只眼睛，何等残忍。那段时间，布朗心灰意冷，躲在屋子里不出门，从朝气蓬勃变得郁郁寡欢。父母看在眼里，疼在心上，尝试各种方法开导劝慰他，却毫无收效。

恰好，布朗的哥哥约翰从大学回家休假，他千方百计地想帮助弟弟走出低谷。一天，他欢天喜地地回到家，找到布朗，塞给他一把手枪和6发子弹。布朗有些惊奇，小心翼翼地抚摸着手枪，问："这是一把能开火的真枪？"约翰拍着弟弟的肩膀说："当然了！我们到户外进行实弹射击，玩个痛快！"布朗犹豫了片刻，终于起身和哥哥一起出了门。

来到屋后的小山岗，他们将目标定于10 m开外的一棵橄榄树。约翰率先举枪，眯起左眼瞄准，也许是紧张，又不懂技术要领，他连开三枪都没有命中目标，只好把枪交给布朗。布朗的前两发子弹都射偏了，有些沮丧。约翰在一旁鼓励，"别放弃，你还有一次机会！"这一次，布朗屏气凝神，果然击中了树干。

约翰欢呼着抱住弟弟，兴奋地说："刚才我努力眯紧左眼，很吃力，所以没有瞄准。你比我有优势，因为上帝替你蒙上了左眼，你可以心无旁骛，专心瞄准目标。"

约翰假装无心所说的话，深深打动了布朗。一瞬间，他感觉浑身重新充满力量。第二天，他又回到了学校学习。

16岁时，布朗获得了苏格兰著名学府爱丁堡大学的奖学金，成为该校当时年龄最小的大学生；24岁时，布朗发表了自己的"苏格兰红皮书"，俨然以英国首相的口气对苏格兰的状况进行分析。

这位热心政治的青年，积极参与各种社团活动，难免会树立一些反对派。他的对手们常常借他的失明的左目嘲笑他、攻击他，但他总记得哥哥当年的鼓励。在许多次演讲中，他激昂而自豪地宣称："我的左眼是上帝为我蒙上的，就是希望我能专注于我毕生的事业，专注于我的目标，执著向前！"

眼疾反而加强了布朗奋斗的决心，他迅速在政坛脱颖而出。46岁，他当上了英国历史上任期最长的财政大臣，2007年6月27日，他成为英国第52位首相。

布朗说："每一个经历都在塑造你。我只能坚持信念，保持积极。人生最重要的是要在逆境中坚持下去，不让环境击垮你。"

6. 经营成功的人际关系

美国斯坦福研究中心经过长期的研究，得出一个著名的结论：你赚的钱12.5%来自于你的知识，87.5%来自于你的人际关系。人脉就是职业竞争力。

（1）学会尊重别人。多个朋友多条路，多个敌人多个坑。你对别人的态度就是别人将对你的态度。要能够站在别人的角度，多为别人着想。

（2）主动适应别人。要多看别人的长处和优点，多与别人沟通和交流。

（3）多分享，少算计。算计别人也就是在算计自己。

（4）用“水桶理论”聚集人脉关系。我们每个人都有副无形的水桶与水勺，当我们舀水到别人桶里时，就能为别人增添正面情绪，也会让别人往自己的水桶添水，让自己水桶里的活水高涨，装满活水的水桶，让人生如同溢满的“福杯”。

（5）多结交“最好的朋友”。“最好的朋友”不一定只有一位，你可以在家庭、同学、老乡和社团等不同的圈子里同时结交多位朋友。良好的人际关系可以大幅提高生命的满意度。

（6）构建强力“10人圈”。良好、稳固和有力的人际关系核心，必须由10个左右你能靠得住的人组成。他们必须能让你发挥所长，而且彼此都希望对方成功。

（7）对朋友要慷慨。关注你人际网中的成员，多为他们提供有用的信息，多为他们提供需要的帮助。如果你仅仅是个接受者，无论什么样的人际网络都会疏远你。

（8）发掘你生命中的贵人。如果你是一块金子，你最需要找到的就是那个能让你发光的人。

最多通过六个人你就能够认识任何一个陌生人，这就是目前流行于人际关系世界的六度分离理论。家族中事业成功的长辈、你的朋友和同学以及与你志同道合的社团朋友，你要敢于与他们接触，善于与他们沟通，有意识地发掘人脉资源。

7．正确对待压力

学习和生活中不可避免地会遇到一些压力，学会正确化解压力对自己的成长非常重要。

南瓜的力量

美国有一所大学曾经进行过一项有意思的实验。实验人员用很多铁圈将一个小南瓜整个箍住，以观察当南瓜逐渐长大时，对这个铁圈产生的压力有多大。

最初他们估计南瓜最大能够承受500磅的压力。在实验的第一个月，南瓜承受了500磅的压力；实验到了第二个月的时候，这个南瓜承受了1 500磅的压力；当南瓜承受到了2 000磅的压力的时候，研究人员必须对铁圈进行加固，以免南瓜将铁圈撑开。最后，整个南瓜承受了超过5 000磅的压力后，瓜皮才产生破裂。

实验人员打开南瓜，发现它已经无法再食用，因为它的中间充满了坚韧牢固的层层纤维；为了吸收充足的养分，以便于突破限制它生长的铁圈，它所有的根往不同的方向全方位地伸展，直到控制了整个花园的土壤与资源。

假如南瓜能够承受如此巨大的压力，那么人类在相同的环境下能够成就多少呢？所以不断自我超越是个人成长的学习修炼。具有高度自我超越的人，能不断扩展他们创造生命中真正心之所向的能力，从而一步步登上人生的顶峰。

（二）重要职业人格的培养

银行投资家一代宗师摩根曾说过，资本比资金重要，但更重要的是性格。正所谓性格决定命运。

每个人都是世界上独一无二的，个性也没有好坏之分，但是成功的职业人都具备一些共通的优良品格。这些优良品格主要有以下几个方面。

1. 忠诚于自己的集体，诚信做人做事，规则意识强。

2. 富有责任感和爱心，热心公益，常常拿出自己的钱物、时间帮助周围的人，包括亲人、朋友和同学，甚至是社会上的孤寡病弱。

3. 做事脚踏实地，常常表现出不计回报的奉献精神，甚至看起来有些傻。

4. 与时俱进，喜欢充电，对新知识、新技能充满好奇、好学之心。

5. 积极乐观，将得失看得不太重，知道“舍得”的含义，能智慧地把握和放弃眼前的利益和机会。

6. 不自私自利，乐于助人，乐于分享。

钓鱼的故事

两个钓鱼高手一起到鱼池垂钓。这两人各凭本事，一展身手，没多久工夫，皆大有收获。这时，鱼池附近来了十多名游客。看到这两位高手轻轻松松就把鱼钓上来，不免感到几分羡慕，于是都到附近去买了一些钓竿来试试自己的运气如何。然而，这些不擅此道的游客，不管怎么钓也是毫无成果。

两位钓鱼高手，个性也相当不同。其中一人孤僻而不爱搭理别人，单享独钓之乐；而另一位高手，却是个热心、豪放且爱交朋友的人。

爱交朋友的这位高手，看到游客钓不到鱼，就说："这样吧！我来教你们钓鱼，如果你们学会了我传授的诀窍而钓到一大堆鱼时，每十尾就分给我一尾，不满十尾就不必给我。"双方一拍即合，欣然同意。教完这一群人，他又到另一群人中，同样也传授钓鱼术，依然要求每钓十尾回馈给他一尾。

一天下来，这位热心助人的钓鱼高手，把所有时间都用于指导垂钓者。即使他没工夫自己垂钓，却仍然收获了满满一大篓鱼，还认识了一大群新朋友。同时，被游客左一声"老师"，右一声"老师"称呼，备受尊崇。

另一方面，同来的另一位钓鱼高手，却没享受到这种服务人们的乐趣。当大家围绕着其同伴学钓鱼时，那人更显得孤单落寞。闷钓一整天，检视竹篓里的鱼，收获远没有同伴的多。

当你帮助别人获得成功——钓到大鱼之后，自然在助人为乐之余而得到回馈。这么美好的事情，有谁不愿意干呢？

一个人的能力毕竟有限，多帮助别人，开发他人的能力，就会结成无坚不摧的团队。

7．要有决心，有目的地规划短期和长期目标，并一步一步实现。

8．要有自信。建立自信的基本方法有 3 种：一是不断取得成功；二是不断地想象成功；三是将自己在一件事上成功获得的信心移植到新的事情上去。

9．要主动热情。凡事都要主动，被动不会有任何收获。要充满激情地学习和生活，主动热情地对人对事。

10．勇于坚持，不轻易放弃，能够有毅力完成制定的计划和目标。

11．勤勉，不浪费时间，当天的事情当天解决。

12．保持良好的心态。

（三）重要学习能力培养

1．树立终身学习的理念

在今天的个人职业发展中，良好的教育背景虽然是以后事业发展的基础，但远远不能带来真正的成功。在这样一个知识爆炸的时代，知识信息量每四年便增长一倍。在某些专业领域，如信息技术产业，知识增长的速度更快。

为了跟上时代的发展，每个人都必须选定重点，将终身学习的计划纳入人生的发展规划中。终身学习对于个人生涯的重要性，已经成为全人类的一致共识。

进入大学的你，要善于利用各种学习成长的机会，让学习成为伴随自己成长的重要生活内容。丢掉“学习是为了应付考试”的想法，调动自己学习的积极性，找到适合自己的学习方式，发现学习的乐趣，体验学习的快乐，感受学习带给你的成就感。

师旷劝学的故事

春秋时代，晋国的国君平公，有一天对一个名叫师旷的著名乐师说：“我已经是70岁的人了，再想学习恐怕太晚了吧？”

师旷是个聪明人，他故意问：“晚了，那为什么不赶快把蜡烛点起来？”

晋平公认为师旷很不礼貌，生气地说：“我跟你讲正经事，你怎么能开玩笑。”

师旷就认真地对他说：“我听人家说过，少年时期就刻苦好学的人，好像早晨的太阳，前途无量；壮年时期开始刻苦学习的人，好像是烈日当空，虽然只有半天，可是锐气正盛；老年时期才开始刻苦学习的人，好像是蜡烛的光，虽然远远比不上太阳，但是比在黑暗中瞎碰乱撞要好上多少倍啊！”

晋平公听了，连连点头称是。

俗话说，有志不在年高，活到老，学到老。只要有目标、有恒心、有信心、有决心，成功与年纪是无关的。

我们知道，“知识改变命运”，“学习就是生活”。在这里，学习不单纯是指你背过了多少单词，掌握了多少定义。它是一个更宽泛的概念，是一种能力，一种习惯，一种态度，一种生活方式。学会学习，拥有学习的优势，具备学习的能力，你就能在职场中成为优势竞争者。

2．养成学习的品格

学习的品格包括：能自觉、独立地从事学习活动；有自觉、自律的学习动机；在学习中能不断地自我反馈；能弹性安排学习时间和日程；有较高的学习挫折容忍力；有较强的自我实现企图心。

接受大学教育也是接受学习能力教育的过程。大学里有各种各样的学习机会和学习活动，要善于利用这些资源，获得自己需要的学习成果。大学教育以及大学教育成果，与你未来的职业息息相关。学习，是最有效的途径。

下面的访谈来自微软公司副总裁兼微软雷德蒙研究院院长凌大任。

问：接受大学教育与事业发展有何关系？大学生如果要更好地融入社会，应该注意什么？

凌大任：大学教育有三个特点：一是大学教会的是专业最核心的知识，是基础；二是大学教会的是未来自己怎样去自学，怎样始终保持好奇心，不断地去学习掌握最新的知识；三是大学教会一个人怎样关注个人的发展，获得个人最优的学习成绩。对于事业发展，更强调的是在集体中共同完成一个项目，因此除了关注个人的发展，更要关注团队的进步，团队协作能力对于事业的成功十分重要。另外，事业发展不是建立在单个知识点上，而是要学会对知识的综合、灵活应用，并创造新的知识。

问：微软在中国内地的事业发展很快，在上海建立了全球技术中心。从具体的发展情况看，你们认为中国大学生目前的技术能力和综合素质如何？他们还存在哪些问题或者说弱点？能否针对这些问题给在校大学生以及大学教育改革提一些建议？

凌大任：中国大学生表现得很好，一点也不输给国外学生。我想我们的大学应该多给学生以机会，让他们能够面对大众演讲。不说像我们这样经常面对几千人，即便是面对20个人、30个人，要把自己对一个问题的看法向大家讲述清楚，要有说服他人的能力。这是非常重要的，尤其是在团队协作中。

3．具备独立学习导向的能力

独立学习导向的能力包括：有了解自我学习需求的能力；有了解及分析自我能力的能力；有独立完成收集及运用资料的能力；解决学习疑难的能力；寻求广泛学习资源的能力；与他人合作学习的能力；操作计算机和多元学习媒体的能力等。

大学的学习与中学的学习截然不同。大学生应该具备比中学生更深层次的学习素质，不能仅追求考试成绩和各类证书。

下面的访谈来自飞利浦电子中国集团人力资源副总裁徐承楷。

问：现在有的学生被企业的各类要求弄得无所适从，他们在大学期间拼命地考各类证书，不断参加社会实习，您怎么看这一问题？

徐承楷：填鸭式的学习是大可不必的。拼命考证其实是因为学生们希望走成功的捷径。而事实上，人生没有捷径可走，职业生涯和求学生涯一样，要求每个人必须有敬业的精神和态度。作为大学生，读书学习是首要任务，自然就应该好好读书，当然，这不是指单纯的书本知识，而是掌握读书的方法，形成好的思考方式，而不是一些形式上的东西。飞利浦不在乎大学毕业生的经验，也不看重学生有多少证书，而在于他是否有强烈的工作兴趣和热情，有没有积极的人生态度。

问：对今天的大学毕业生，你的评价如何？

徐承楷：我在不同国家和地区工作过，与国外大学生比较，他们的明显优点是可塑性很大，素质高，对工作总体而言很负责，有接受挑战的精神。我曾经与荷兰总公司谈论过这个问题，目前进入飞利浦公司的中国大学毕业生，其最初的职位等级要比国外大学生低一级，我觉得在如今这个时代，已经不适用了。由于社会发展速度很快，我们每个年轻人都对未来充满了憧憬，对职业生涯的第一份工作都十分珍惜，但不知道是不是竞争过于激烈的缘故，我们的大学生普遍生存在一种充满压迫感的环境中，工作战战兢兢，缺乏足够的自信心，不能十分放松地投入工作，这影响了他们的成长。另外，他们的表达能力和国际视野普遍较弱，书呆子型的学生还是比较多。

4. 主动参与各种学习活动

能主动参与增进专业、职业知识与能力的学习活动；自动参与提升生活技能的学习活动；能自动参与促进自我成长的学习活动；能自动参与重视人文与社会关怀的学习活动。

（四）避免能力培养误区

1. 误区一——课本知识和课堂学习不再有用

培养职业素质和课堂学习并不冲突。下面来自思科系统中国网络技术有限公司总裁杜家滨的访谈实录就是一个证明。

问：现在的学生对课堂教学不感兴趣。他们甚至认为课堂知识是基础理论课程，是无用的，技术知识是过时的。

杜家滨：大学生的首要任务是学习，尤其是课堂学习。有很多知识，如微积分，只能在大学里好好学习，以后可能再难以找到这样的机会。也许我们一下子难以看到课堂学习的效果，但是在今后的工作中你会感受得到，我工作中用的数学知识，几乎全来自大学的积累。在课堂学习之外，大学生还可以多参加一些非课堂的活动，如学校社团活动、工厂实习以及一些技能考证，这一方面可以充实大学生活，另一方面也可积累社会生活的经验。一个人的成长，是过去的积累和未来的潜能共同作用的结果。

2. 误区二——专业理论知识学习对将来用处不大

我们强调综合素质的培养与提高，并不是说可以放弃专业知识的学习。下面的访谈实录来自三菱商事上海有限公司经理室副室长三村俊。

问：现在很多人认为，大学学习的知识能在具体工作中派上用场的不足5%，您怎么看待这一问题？

三村俊：如果在大学里只注重理论知识的学习，其结果肯定会如此，因为知识日新月异，能有5%的知识在具体工作中派上用场，已经很好了。如果大学生注意培养思考方法、学习方法，那么结果就会有很大不同，你就会觉得大学生活对一个人的成长十分重要。理论知识不可能处处派上用场，思考能力、学习能力却能时刻显示其威力，这可以说是大学教育对人最有影响之处。

问：继续问一个问题，从大学毕业到公司工作，每个人都会经历一个转折期、适应期，怎样的学生可以更从容地面对这一转折和适应过程？

三村俊：大学培养人才，需要注重培养学生的思考能力、学习能力，这种教育会使学生有较宽的适应面。不注重这种方式，他们到了工作岗位以后会面临很大的挑战，使所学难以所用。

问：三菱商事对应聘人员有严格的专业要求吗？如果有，这与您所强调的思考能力、学习能力有冲突吗？

三村俊：这要看具体的工作岗位。如果岗位的技术性强，对应聘者的专业背景会有一定要求。如果技术性不强，则没有专业要求。专业要求其实与思考能力并不矛盾，我们所说的思考能力，是你用专业的眼光进行思考的能力，而非没有任何专业依托的思考能力，而且学习能力也是一个人在学习掌握某一专业知识过程中培养的能力。

3．误区三——一个人的职业素质越高就越没有自己的个性

良好的职业素养会促进一个人的个性更完善、更美好，和个性发展并不冲突。职业素养的提高也不是以失去个性为代价。相反，个性魅力正是高职业素养的一面旗帜。

下面的访谈实录来自欧莱雅中国公司大众化妆品部总经理赫伯乐和欧莱雅中国公司人力资源总监戴青。

问：欧莱雅公司在挑选人才时，注重考核应聘者哪些素质？

戴青：首先是个性。欧莱雅是一个做时尚的公司，以市场营销为导向，注重品牌的管理和创新。包括在什么地方销售、以什么方式销售，我们都要进行精心策划与研究。你有无丰富的想象力？是否对时尚感兴趣？对社会生活是不是热情？是否愿意不断追求创新？这些对工作的成效都有很大的影响。与其他工作不同，也许你走在路上，突然看见街边的某件事物，就会产生某一灵感，然后出现一个新的创意。在欧莱雅，时尚是工作，也是生活。欧莱雅总裁有句话，在欧莱雅，成功者应是“诗人+农民”，既要有诗人般的想象力，又要像农民那样吃苦耐劳。考察学生的个性，我们一般通过他在学校中从事过什么社会工作，在工作中起什么作用进行。

赫伯乐：中国的评分体系是100分，如果有两个人来大众消费品部应聘，其中一个成绩是95分，但是他个性内向、保守、羞涩、不积极热情也不善于表达；另一个成绩是85分，可他却对事物充满好奇、善于表达并且喜欢创造。我们会要后者而不是前者，即使后者成绩只有85分，我们也要。我想说的是，相对分数来说，我们更注重个性。

4. 误区四——做个好学生没有用，将来做个好员工就行。

一个好学生，也许将来不一定是个好员工。但这并不意味着不是个好学生，将来就一定是个好员工。而且，还是好学生成为好员工的概率更高。好学生和好员工有许多共同的优良素质。

下面的访谈实录来自埃森哲合伙人兼中国区总裁李纲。

问：在您看来，什么样的学生是好学生？什么样的员工是好员工？从好学生到好员工，要注意些什么？

李纲：我们到大学校园里招聘，很少点名道姓要什么专业的毕业生，也不会追求对方一定要懂某项技术，我们更看重学生的综合素质。具体而言，我们希望应聘者有很强的学习能力，因为咨询行业发展很快，每天都会面临新的挑战，只有不断学习，才有可能跟上节奏。其次，我们对应聘者的社会活动能力、语言沟通能力有很高的要求。如果一个学生学习成绩好，参加的社会活动也比较多，这也会折射出他学习工作都比较勤奋。换句话说，我们对应聘者的第一个要求是“勤奋”。至于什么样的员工是好员工，在不同的层次会有不同的要求。较低层次的员工，要勤学肯干；上一级的员工，除了勤学肯干外，要有一定的领导才能；再上一级的员工，在勤学肯干，具备一定的领导才能外，还要具备与客户进行良好沟通的能力，有大局的观念。如果一个人具备很好的综合素质，从一个好学生到一个好员工是没有太大障碍的。

5. 误区五——在学校里职位越高，就代表能力越强

毕业应聘时，起关键作用的并不是你的简历。尽管在学生会和学生社团以及班级里的职位会说明你的能力，但代表你能力的是你在承担这个职位背后的实际水平，而不是职位这个符号。名副其实的锻炼才会真正为你的职业素养加分。

来自上海国际纸业有限公司总经理杨铭潜的这段访谈实录正说明了这点。

问：现在有些大学生认为，在学校里，“官”做得越大越好，越能向用人单位证明自己的社会活动能力；社会工作越多越好，越能表达自己有动手实践能力。您认为是这样吗？

杨铭潜：只要你用心去做事，在班级里当一个班长和在学校里做一个学生会主席，得到的锻炼应该是一样的。同样，社会工作“经历”很多，并不表明你的动手能力很强。有的大学生的求职简历很花哨，说自己干了多少社会工作，对此我们一点都不感兴趣。我们感兴趣的是，你在从事的社会工作中是怎么干的，取得了什么成果，深入程度如何。往往我们会挑一两个他们所从事的社会活动问些深入的问题，由此就可以发现他们是不是为了履历而打工。我们不追求表面上的东西，而要踏踏实实的进步与收获。

第四篇　附　录

附录 1　气质类型测试

气质类型对职业生活的影响是重大的。瑞士心理学家荣格认为，一个内倾型的人想要成为一名汽车推销员或者一个外倾型的人想要成为一名会计，都是很难办到的。感觉型的人可以成为一名很好的警察、消防员，然而却只能成为一名拙劣的教师；直觉型的人可以成为很好的修理工、故障检修员，却不能成为固定生产线上反复做同一种工作的工人；情感型的人应该避免从事要求具备抽象思维能力的工作；思维型的人则应该避免从事需要丰富情感的职业。

气质是人们的个性中最稳定的因素，在选择职业时，一定要注意自己的气质类型。特别是在一些特殊职业中，如政府机要人员、公关人员等，气质类型也是录用员工的重要标准之一。

下面的 60 道题可以帮助你大致确定自己的气质类型。在回答这些问题时，你认为“很符合”自己情况的记 2 分，“比较符合”的记 1 分，“介于符合与不符合之间”的记 0 分，“比较不符合”的记－1 分，“完全不符合”的记－2 分。

1. 做事力求稳妥，不做无把握之事。
2. 遇到可气的事就怒不可遏，想把心里话全说出来才痛快。
3. 宁肯一个人做事，不愿很多人在一起。
4. 到一个新环境很快就能适应。
5. 厌恶那些强烈的刺激，如尖叫、噪音和危险镜头等。

6. 和人争吵时，总是先发制人，喜欢挑衅。
7. 喜欢安静的环境。
8. 善于和人交往。
9. 羡慕那种善于克制自己感情的人。
10. 生活有规律，极少违反作息制度。
11. 在多数情况下情绪是乐观的。
12. 碰到陌生人觉得很拘束。
13. 遇到令人气愤的事，能很好地自我克制。
14. 做事总是有旺盛的精力。
15. 遇到问题常常举棋不定，优柔寡断。
16. 在人群中从不觉得过分拘束。
17. 情绪高昂时，觉得干什么都有趣；情绪低落时，又觉得什么都没有意思。
18. 当注意力集中于一事物时，别的事物很难使你分神。
19. 理解问题总比别人快。
20. 遇到危险情景时，时常有种极度恐怖感。
21. 对学习、工作和事业怀有很高的热情。
22. 能够长时间做枯燥、单调的工作。
23. 符合兴趣的事情，干起来劲头十足，否则就不想干。
24. 一点小事就能引起情绪波动。
25. 讨厌做那种需要耐心细致的工作。
26. 与人交往不卑不亢。
27. 喜欢参加热烈的活动。
28. 喜欢感情细腻、描写人物内心活动的文学作品。
29. 工作学习时间长了，常感到厌倦。
30. 不喜欢长时间谈论一个问题，愿意实际动手做。
31. 宁愿侃侃而谈，不愿窃窃私语。
32. 别人说我总是闷闷不乐。
33. 理解问题常比别人慢些。
34. 疲倦时只需短暂休息就能精神抖擞，重新投入工作。
35. 心里有话，宁愿自己想，不愿说出来。
36. 认准一个目标就希望尽快实现，不达目的，誓不罢休。
37. 工作一段时间后，常比别人更疲倦。
38. 做事有些鲁莽，常常不考虑后果。
39. 老师或师傅传授新知识、技术时，总希望他讲慢些，多重复几遍。

40. 能够很快地忘记那些不愉快的事情。

41. 做作业或完成一件工作总比别人花的时间多。

42. 喜欢运动量大的剧烈的体育活动或者喜欢参加文体活动。

43. 不能很快地把注意力从一件事情上转移到另一件事情。

44. 接受一个任务后，就喜欢迅速把它解决。

45. 认为墨守成规比冒风险强些。

46. 能够同时注意几件事物。

47. 当烦闷的时候，别人很难使你高兴起来。

48. 爱看情节起伏跌宕、激动人心的小说。

49. 对工作抱认真严谨、始终一贯的态度。

50. 同周围人们的关系总是相处不好。

51. 喜欢复习学过的知识，重复做已经掌握的工作。

52. 喜欢做变化大、花样多的工作。

53. 小时候背的诗歌，似乎比别人记得更清楚。

54. 别人说你“语出伤人”，可你并不觉得那样。

55. 在体育活动中，常因反应慢而落后。

56. 反应敏捷，头脑机智。

57. 喜欢有条理而不甚麻烦的工作。

58. 老师讲新概念，常常听不懂，但是弄懂以后就很难忘记。

59. 兴奋的事常常使你失眠。

60. 假如工作枯燥无味，马上就会情绪低落。

结果分析

2，6，9，14，17，21，27，31，36， 38，42，48，50，54，58，以上 15 题是胆汁质的得分。

4，8，11，16，19，23，25，29，34，40，44，46，52，56，60，以上 15 题是多血质的得分。

1，7，10， 13，18，22，26，30，33，39，43，45，49，55，57，以上 15 题是黏液质的得分。

3，5，l2，15，20，24，28，32，35，37，41，47，51，53，59，以上 15 题是抑郁质的得分。

如果某一种或两种气质得分在 20 分以上，则为典型的该种气质；如果某两种或三种气质之间相差不过 5 分，则为这几种的混合气质且略倾向于分值高的气质类型。

某种气质得分越高，表明该项气质特征越明显；反之，分值越低，表明越不具备该项气质特征。

1．多血质

多血质又称活泼型，敏捷好动，善于交际，在新的环境里不感到拘束。在工作学习上富有精力而效率高，表现出机敏的工作能力，善于适应环境变化。在集体中精神愉快，朝气蓬勃，愿意从事符合实际的事业，能迅速地把握新事物，在有充分自制能力和纪律性的情况下，会表现出巨大的积极性。兴趣广泛，但情感易变，如果事业上不顺利，热情可能消失，其速度与投身事业一样迅速。从事多样化的工作往往成绩卓越。

合适的职业：导游、推销员、节目主持人、演讲者、外事接待人员、演员、市场调查员和监督员等。

2．胆汁质

胆汁质又称不可遏止型或战斗型。具有强烈的兴奋过程和比较弱的抑郁过程，情绪易激动，反应迅速，行动敏捷，暴躁而有力；在语言上、表情上和姿态上都有一种强烈而迅速的情感表现；在克服困难上有不可遏止和坚韧不拔的劲头，而不善于考虑是否能做到；性急，易爆发而不能自制。这种人的工作特点带有明显的周期性，埋头于事业，也准备去克服通向目标的重重困难和障碍。但是当精力耗尽时，易失去信心。

适合职业：管理工作、外交工作、驾驶员、服装纺织业、餐饮服务业、医生、律师、运动员、冒险家、新闻记者、演员、军人和公安干警等。

3．黏液质

这种人又称为安静型，在生活中是一个坚持而稳健的辛勤工作者。由于这些人具有与兴奋过程相均衡的较强的抑制力，所以行动缓慢而沉着，严格恪守既定的生活秩序和工作制度，不为无所谓的动因而分心。粘液质的人态度持重，交际适度，不作空泛的清谈，情感上不易激动，不易发脾气，也不易流露情感，能自制，也不常常显露自己的才能，具有从容不迫和严肃认真的品德，以及性格的一贯性和确定性。。这种人能长时间坚持不懈，有条不紊地从事自己的工作。其不足是有些事情不够灵活，不善于转移自己的注意力。惰性使他因循守旧，表现出固定性有余，而灵活性不足。

适合职业：外科医生、法官、管理人员、出纳员、会计、播音员、话务员、调解员、教师和人力人事管理主管等。

4．抑郁质

有较强的感受能力，易动感情、情绪体验的方式较少，但是体验的持久而有力，能观察到别人不容易察觉到的细节，对外部环境变化敏感，内心体验深刻，外表行为非常迟缓、忸怩、怯弱、怀疑、孤僻、优柔寡断且容易恐惧。

适合职业：校对、打字、排版、检察员、雕刻工作、刺绣工作、保管员、机要秘书、艺术工作者、哲学家和科学家。

气质没有好坏之分，任何一种气质，都有其积极的一面和消极的一面。在现实生活中，很多人是混合型气质，只不过是以某种气质为主罢了。

附录2 一般能力测试

下面的测试题，是用来测试你的一般能力的。请你在30 min内回答完下列13道题，如果你能在更短的时间内答完可以加分，但到30 min时请立即停止答题。准备好一张白纸和一支笔，把你的答案写在纸上，以备核对。

1. 一位旅行者在埃及买了一枚印有“公元前3世纪”字样的金币向他人夸耀，考古学家却说他上当了，为什么？

2. 你连续10次向上扔硬币，每一次掉在地面上都是正面向上。假设一切情况照旧，你第11次扔硬币，正面向上的可能性是多少？

3. 有一个人在自由市场上买了两只鸡，在回家的路上两个熟人要买他的鸡，他只好把鸡卖了。每只卖价6元，其中一只赚了20%，另一只亏了20%。请问这个人到底是赚了，亏了，还是不赚不亏？

4. 你在甲地招聘员工，那里的人不是绝对的说谎者，就是绝对的诚实者。有一位应聘者走进来，他看上去是一位诚实者。他说，下一位女应聘者告诉他，她是一位说谎者。他说的是实话吗？

5. 两枚宇宙火箭同时发射，方向相反，哪一枚飞得更快一些？

6. 六千六百零六元写成6606元。现在请你尽快写出十一千十一百又十一这个数字。

7. 有5个人进行汽车竞赛，先后到达终点的情况是：王威不是第一，李明不是第一也不是最后，赵山在王威后面，杨乐不是第二，韩英在杨乐后面。请你排出5个人到达的顺序。

8. 下列数列中少了一个什么数？3，7，15，(　　)，63，127……

9. 如果40个工人在2小时内能生产出20个零件，那么2个工人生产10个零件要花多少小时？

10. 有一只蜗牛要从一口井底爬出来。井深20尺。蜗牛每天白天向上爬3尺，晚上向下滑2尺。请问该蜗牛几天才能爬出井口？

11. 有生、熟鸡蛋各一个，将它们旋转一下，怎样根据旋转情况区别这两只鸡蛋？

12. 小马不吃鱼和菠菜，小林不吃鱼和蚕豆，小昊不吃河虾和马铃薯，小方不吃排骨和蘑菇，小李不吃鱼和蘑菇。现在请你为这几位挑剔的客人准备晚餐，下列菜谱中你可选用哪几种菜？清炒蚕豆，奶油鲫鱼、芹菜炒海虾、排骨烧香菇、莴苣炒粉丝、白斩鸡。

13. 有个人最不喜欢正方形的东西。一次，一位不了解情况的木匠给他做了一个正方形的窗户。他生气地命令木匠重做，但是窗户的面积又不能变。你说，木匠怎样改做这个窗户呢？

结果分析

1．因为以“公元”纪年是公元后的人使用的，公元前的古董不会铸上“公元前”三个字的。

2．50%。

3．亏 0.50 元。一只鸡买进花了 5 元，另一只鸡买进花了 7.5 元。

4．他在说谎，因为没有一个说谎者会说自己是说谎者。

5．顺地球旋转方向的那枚火箭更快一些。

6．12111。

7．杨乐、韩英、李明、王威、赵山。

8．31。前一个数的 2 倍再加上 1 等于下一个数。

9．20 小时。

10．18 天。因为它 18 天已爬出井口，不再下滑。

11．旋转很急的是熟鸡蛋，旋转不稳的是生鸡蛋，因为生鸡蛋是液体，旋转时有惯性。

12．芹菜炒海虾、莴苣炒粉丝和白斩鸡。

13．变成平行四边形。

评分规则：每答对一道题得 1 分，20 分钟内答完加 1 分，18 分钟内答完加 2 分，15 分钟内答完加 3 分。12 分以上者较优秀；10～11 分为中上；8～9 分为中下；7 分以下为智力较差。

也许你测得的结果并不理想，但也不要担心或自卑，一方面它只是一个测试，只能起到参考作用，并不意味着你真的智力不够好；另一方面，你可以在某些方面加强学习和训练，不断地提高自我，相信你终会成为优秀的人物。

附录 3　创造力测试

下面是一组测试，测试你的创造力。请你实事求是地回答下列 49 道题。如果认为同意就选 A，不同意就选 C，不能确定的就选 B。

1. 我不做盲目的事，我总是有的放矢，用正确的步骤解决每一个具体的问题。
2. 我认为，只提出问题而不想获得答案，无疑是在浪费时间。
3. 无论什么事情，要我产生兴趣，总比别人困难。
4. 我认为，合乎逻辑、循序渐进的方法是解决问题的最好方法。
5. 有时我在小组里发表的意见，似乎使某些人感到厌烦。
6. 我常常花费大量时间来考虑别人是怎样看待我的。
7. 我认为，做自己认为正确的事，比力求博得别人的赞同重要得多。

8. 我不尊重那些做事似乎没有把握的人。
9. 我需要的刺激比别人多。
10. 我知道如何在考验面前保持内心镇静。
11. 我能坚持很长一段时间来解决难题。
12. 有时我对事情过分热心。
13. 在无事可做时，我倒常常想出好主意来。
14. 在解决问题时，我常常单凭直觉来判断“正确”或“错误”。
15. 在解决问题时，我较擅长于分析，而不太擅长于综合。
16. 有时我会打破常规去做我原来并未想要做的事。
17. 我喜欢收藏各种东西。
18. 幻想促进我提出许多重要计划。
19. 我喜欢客观而又理性的人。
20. 如果要我兼职，我宁可干一些实际工作，而不愿干一些探索性的工作。
21. 我能与同事们很好地相处。
22. 我有较高的审美感。
23. 我喜欢坚信自己结论的人。
24. 我认为，灵感与获得成功无关。
25. 争论时，使我感到高兴的是原来与我观点不一致的人变成了我的朋友。
26. 我更大的兴趣在于提出新建议，而不在于设法说服别人接受这些建议。
27. 我乐意独自一人整天“深思熟虑”。
28. 我往往避免干那种使我感到低下的工作。
29. 在评价资料时，我认为资料的来源比其内容更重要。
30. 我不满意那些不确定和不可预言的事。
31. 我喜欢一门心思苦干的人。
32. 我认为，一个人的自尊比得到他人敬慕更重要。
33. 我觉得那些力求完美的人是不明智的。
34. 我宁愿与大家在一起努力工作，而不愿意一个人单独工作。
35. 我喜欢那种对别人产生影响的工作。
36. 在生活中，我经常碰到一些不能用“正确”或“错误”来进行判断的问题。
37. 对我来说，“不在其位，不谋其政”是正确的。
38. 我认为，那些使用古怪和罕见的词语的作家纯粹是为了炫耀自己。
39. 我认为，许多人之所以苦恼，是因为他们把事情看得太认真了。
40. 即使遭到挫折、反对和不幸，我仍然能对自己的工作保持原来的精神状态和热情。
41. 我认为，想入非非的人是不切实际的。

42. 我对“我不知道的事”比“我知道的事”印象更深刻。

43. 我对“这可能是什么”比“这是什么”更感兴趣。

44. 我经常为自己在无意中说话伤人而闷闷不乐。

45. 即使没有报答，我也乐意为新颖的想法而花费大量时间。

46. 我认为，“出主意没什么了不起”的说法是中肯的。

47. 我不喜欢提出那些显得无知的问题。

48. 一旦任务在肩，即使受到挫折也要坚决完成任务。

49. 请从下面描述性格的形容词中挑选出10个你认为最能说明你性格的词：

1. 精神饱满的；2. 有说服力的；3. 实事求是的；4. 虚心的；5. 观察敏锐的；6. 谨慎的；7. 束手束脚的；8. 足智多谋的；9. 自高自大的；10. 有主见的；11. 有献身精神的；12. 有独创性的；13. 性急的；14. 高效的；15. 乐于助人的；16. 坚强的；17. 老练的；18. 有克制力的；19. 热情的；20. 时髦的；21. 自信的；22. 不屈不挠的；23. 有远见的；24. 机灵的；25. 好奇的；26. 有组织能力的；27. 精干的；28. 铁石心肠的；29. 思路清晰的；30. 脾气温顺的；31. 可预言的；32. 拘泥形式的；33. 不拘礼节的；34. 感觉灵敏的；35. 有朝气的；36. 严于律己的；37. 讲实惠的；38. 无畏的；39. 严格的；40. 一丝不苟的；41. 谦恭的；42. 复杂的；43. 漫不经心的；44. 柔顺的；45. 创新的；46. 实干的；47. 泰然自若的；48. 渴求知识的；49. 好交际的；50. 善良的；51. 孤独的；52. 不满足的；53. 易动感情的。

结果分析

题号	A	B	C	题号	A	B	C	题号	A	B	C	题号	A	B	C
1	0	1	2	14	4	0	-2	27	2	1	0	40	2	1	0
2	0	1	2	15	-1	0	2	28	2	0	-1	41	3	1	0
3	4	1	0	16	2	1	0	29	0	1	2	42	-1	0	2
4	-2	0	3	17	0	1	2	30	-2	0	3	43	2	1	0
5	2	1	0	18	3	0	-1	31	0	1	2	44	2	1	0
6	-1	0	3	19	0	1	2	32	0	1	2	45	-1	0	2
7	3	0	-1	20	0	1	2	33	3	0	-1	46	3	2	0
8	0	1	2	21	0	1	2	34	-1	0	2	47	0	1	2
9	3	0	-1	22	3	0	-1	35	0	1	2	48	0	1	3
10	1	0	3	23	0	1	2	36	1	2	3				
11	4	1	0	24	-1	0	2	37	2	1	0				
12	3	0	-1	25	0	1	3	38	0	1	2				
13	2	1	0	26	-1	0	2	39	-1	0	2				

49题中，有下列形容词的得2分：

1. 精神饱满的；5. 观察敏锐的；8. 足智多谋的；10. 有主见的；11. 有献身精神

的；12．有独创性的；19．热情的；22．不屈不挠的；25．好奇的；34．感觉灵敏的；35．有朝气的；36．严于律己的；38．无畏的；44．柔顺的；45．创新的。

有下列形容词的得 1 分：

4．虚心的；16．坚强的；21．自信的；23．有远见的；24．机灵的；33．不拘礼节的；40．一丝不苟的；52．不满足的。

其余的均为 0 分。

满分为 140 分，最低为 21 分。110 分以上，创造力非凡；85～109 分，创造力很强；56～84 分，创造力较强；30～55 分，创造力一般；15～29 分，创造力较弱；14 分以下，创造力很弱。

附录 4　管理能力测试

请你如实地用“是”、“否”或“不能确定”来回答下列 60 道题。

1. 买东西时喜欢讨价还价吗？
2. 曾在某些活动中担任过主持人吗？
3. 在就餐或买东西时，曾指责过服务员服务不佳吗？
4. 曾经率先发动组织集会或团体活动吗？
5. 能使兴趣索然的场合变得生气勃勃吗？
6. 在大众面前讲话感到困难吗？
7. 与陌生人说话感到困难吗？
8. 第一次做某件事时会觉得很紧张吗？
9. 常常因犹豫不决而坐失良机吗？
10. 参加集会时常常告诫自己不要出头露面吗？
11. 热衷于有创造性的工作时，即使没有朋友支持，也能独立进行吗？
12. 让你在跳舞和演戏中选择，你是喜欢选择跳舞吗？
13. 与其共同负责某项工作，还不如个人负责更好吗？
14. 受到打击时，宁愿自己个人承受吗？
15. 做事时喜欢一个人去完成吗？
16. 写信时需要再重新誊写吗？
17. 和多数人相处比一个人独处更愉快吗？
18. 虽是正当的事但遭到嘲笑后会感觉没趣吗？
19. 遇到令人烦恼的事希望有他人在你身旁吗？
20. 更喜欢运动而不太喜欢看书吗？

21. 很少注意他人的脸色吗？
22. 你已买下的东西，过后常会去退换吗？
23. 是否很少担心将来的事？
24. 你充满自信吗？
25. 做没有兴趣的工作时，不需要别人鼓动吗？
26. 事事都有决断力吗？
27. 被人嘲笑时，自己也笑得出来吗？
28. 虽然被他人反对，还会坚持己见吗？
29. 发生了意外事件时，你会立即行动出力协助吗？
30. 你非常喜欢与众人交往吗？
31. 有过羞愧到无地自容的经历吗？
32. 是否经常为积蓄财产而大伤脑筋？
33. 因为迷惑常常变更正在进行的事情吗？
34. 与上司相处会觉得拘束吗？
35. 事情受到挫折，会很快泄气吗？
36. 你是一个十分敏感的人吗？
37. 工作时有旁观者会觉得不安吗？
38. 在开会时常会言不达意、言不由衷或有言不发吗？
39. 会因为小事受挫而意志消沉吗？
40. 大家聚集一堂，你会感到快乐吗？
41. 你讲话时，别人会用心听吗？
42. 你愿意承认自己的错误吗？
43. 朋友们会来征求你的意见吗？
44. 是否常常不原谅他人的过错？
45. 常常设法提起他人感兴趣的话题吗？
46. 对大部分事情，可以按自己的想法表达出来吗？
47. 大家讨论问题时，是否能站在团体的立场上听取个人的意见？
48. 在决策家庭事务或工作问题之前是否先设法了解大家的意见？
49. 你认为，所谓意见主要是由经验造成的吗？
50. 假若你改变了观点，旁人会认为你是弱者吗？
51. 受到别人批评时会感到不自在吗？
52. 与他人交谈时，你会不注意对方说话吗？
53. 他人不同意你的意见你会不高兴吗？
54. 你是否限制交朋友的圈子？

55. 说出话后常会后悔吗？

56. 常常说一些不便让人知道的话吗？

57. 有时对一些需要对质的问题不希望当面回答，怕别人指责你的错误吗？

58. 在商量时常常与人争论或发出命令式口气吗？

59. 你能承认你的辩论对手也有道理吗？

60. 无论任何时候，你都努力为自己的言行辩护吗？

结果分析

第1～5，11～15，21～30，41～50题各题答“是”者得2分，答“否”者得0分；第6～10，16～20，31～40，51～60题各题答“否”者得2分，答“是”者得0分。各题答“不能确定”者均得1分。满分120分，最低分0分。

管理潜能：100分以下，较优；90～99分，良好；80～89分，一般；70～79分，较差；69分以下，缺乏。

第1～10题，满分20分。反映指挥他人能力：15分以上，较强；11～14分，一般；10分以下，较差。

第11～20题，满分20分。反映独立性：15分以上，较强；11～14分，一般；10分以下，较差。

第21～40题，满分40分。反映个人性格：30分以上，外向；21～29分，中性倾向；20分以下，内向。

第41～60题，满分40分。反映社会性反应：34分以上，极强；30～33分，较强；26～29分，一般；22～25分，较弱；21分以下，极弱。

附录5　潜力测试

如果一个人的潜力能够得到激发，便可以使他（她）获得更多的成功。你想知道自己的潜力什么时候能得到发挥吗？可以下面的小测试进行了解。不要思考太多，凭你的直觉来选择。

假想现在你被关在一个密室里，你的眼前有一颗定时炸弹，即将引爆，你盯着炸弹上的数字直发抖。用你的直觉想一想，你认为还剩下几分钟炸弹就会爆炸了？

1. 10 min之内。

2. 11 ~ 25 min之间。

3. 26 ~ 40 min之间。

4. 40 min以上。

结果分析

认为10 min之内会爆炸的人：你的潜能在3年之内将会出现，而且是在你没有心理准备的情况下突然出现。你不妨试着挑战自己，那些原先你认为做不好的事，也许其实是能做得到的，事情的结果将会令人满意得吓一跳！

认为11～25 min之间会爆炸的人：你的潜在才能将在不久的将来（3～7年之间）出现。你要一直持续进行那些你有兴趣的事情，总有一天，你会比别人更上一层楼。所以，若是你现在还没有成功，请不要气馁，继续努力就对啦！

认为26～40 min之间会爆炸的人：你需要一点时间，才能和成功才会出现。从现在开始算起，约10年后，就是你最有希望的时期。而且在这期间，你会经历一次很大的转变。多多拓展你的人脉，将会对你有所帮助。

认为40 min以上才会爆炸的人：你是属于大器晚成型。虽然在年轻的时候，你也有发挥过你的才能，但那只是你真正才能的一半而已，并没有完全发挥出来。你需要10年以上的时间，才能和成功才会出现。把年轻时所得来的经验累积起来，将是你日后一笔庞大的财产。建议你有机会多看看书，多和人接触、交往，将会无往不胜。

附录6　处理问题的能力测试

一些日常生活中的琐事，看起来无关紧要，可它也许会带给你许多无法预期的结果。请做下列试题，设想一下，当你遇到这一类问题时你会选择哪一种解决方式？假如题中所出现的情况对你来说尚未发生过，则按你认为自己应该使用的解决方式做出判断。

1. 生日、结婚和纪念日等，在这些看来你要花钱的时刻：

   A. 告诉对方不要通知自己这些事，这样便可以不买礼物了

   B. 只送给那些你认为重要的人

   C. 经常收集一些小的或比较奇特的礼物来应付这些情况

2. 你和别人发生矛盾或纠纷，不得不去法庭诉讼时：

   A. 对去法庭的焦虑和不安使你失眠了

   B. 暂时把它忘却，到出庭时再设法应付

   C. 这是人生中难免要发生的事件之一，并不怎么重要

3. 你房间里的家具被水管漏水淹坏时：

   A. 你非常不快，口口声声地抱怨着

   B. 你想借此不交房租，并写了批评信

   C. 你自己擦洗、修理，使家具复原

4. 当你和邻居发生了争执，而毫无结果时：
   A. 靠喝酒来解闷和把它忘掉
   B. 请来律师，讨论怎样诉讼
   C. 出外散步，来平息你的愤怒
5. 生活中的各种压力使你和爱人变得易怒时：
   A. 设法向第三者倾诉自己的感情
   B. 你想尽量不钻牛角尖，设法避免引起争吵
   C. 坚持和爱人在一起讨论，研究解决的办法
6. 一位好友将要结婚，依你看，他们的结合将会是痛苦的：
   A. 认真地给那位朋友进行解释，耐心地阐述你的观点
   B. 设法使自己认为还有时间会改变计划
   C. 不必着急，因为还有时间会改变计划的
7. 你的能力得到承认，并得到了一个重要工作时，你：
   A. 想放弃这种机会，因为这种工作的要求太高
   B. 怀疑自己能否承担起这项工作
   C. 仔细分析这项工作的要求，做好准备设法把它做好
8. 你的亲友在事故中受了重伤，当你得知这个消息时：
   A. 失声痛哭，不知该如何是好
   B. 叫来医生，要求服镇静剂来度过以后的几个小时
   C. 抑制住自己的感情，因为你还要告诉其他亲友
9. 每逢节假日，你和爱人总要为去看望谁的父母发生口角时：
   A. 认为最公正的办法是根本不搞庆祝，不和家人共聚，以减少麻烦
   B. 订个生硬计划，不分情况，平分秋色，轮流看望
   C. 决定在重要的节假日里，和你的家人团聚，而在其他节假日里与爱人的家人共度
10. 当你感觉身体不舒服时：
   A. 拖延着不去就诊，认为慢慢会好的
   B. 自己诊断一下，去药房买药
   C. 把这种情况及时告诉家人，然后去医院检查

结果分析

以上各题，选择 A 计 1 分，B 计 2 分，C 计 3 分，然后将总分算出。

得分在 15 分以下：你面临问题时，经常想当然地解决，应当注意不要让你的想象力冲昏了头脑；得分在 15～25 分之间：你处理问题稍有点迟疑，要注意不要做出那些会让你以后后悔的决定，要从一开始就面对现实；得分在 25 分以上：你处理问题的能力很强，

你做出的决定大多是从实际情况出发的。

附录 7　心理适应能力测试

我们生活在复杂的社会环境中，需要一定的心理适应能力。心理适应能力的强弱，关系到我们能否工作得愉快，生活得幸福。你知道自己的“应变弹性”吗？下面一组测试题是关于心理适应性测试的题目，通过本题可以明确判断你的心理适应性的强弱程度。

1. 当你办公室收到来自税务所或环境监理会的一封沉甸甸的信时：

A. 试着自己来弄清事情缘由

B. 装作没看见，随便谁捡起谁去处理

C. 找个理由推给办公室其他同事去处理

2. 你着急赴约，中途却被拥挤的交通所阻：

A. 设想等候者会体谅你是不得已而迟到

B. 变得急躁不安，同时想象等候者恼火的样子

C. 很着急，但想想着急也无益，干脆不去想了

3. 一件很重要的东西不见了：

A. 不动声色地对最近一段时间的行为仔细回顾

B. 疯狂地掀起地毯来搜索

C. 急忙把那些可能的地方找一遍

4. 你向来用钢笔写字，现在要你换圆珠笔书写：

A. 感觉上与用钢笔没什么差别

B. 有时有点不顺手

C. 感到别扭

5. 你在大会上演说的姿态、表情、条理性及准确性与你在办公室里讲话相比怎样？

A. 基本上没什么差别

B. 说不准，看具体的情况而定

C. 显然要逊色得多了

6. 改白班为夜班之后，尽管你做了努力，但工作效率总不如那些和你同时改班的人高，是吗？

A. 不是这样的

B. 说不上

C. 对

7. 你手头的任务已临近最后的截止日期了:

A. 变得更有效率了

B. 开始错误百出

C. 心中暗急，但仍勉力维持正常情况

8. 在与人激烈争吵了一番后:

A. 不受影响，继续专心工作

B. 唠叨个不停，工作量递减

C. 把注意力转到工作上，但有时难免出神

9. 你出差或旅游到外地，睡在陌生的床上:

A. 感觉和在家没什么区别

B. 有时会失眠

C. 失眠很厉害

10. 参加一个全是陌生人的聚会:

A. 先喝几杯酒让自己放松一下

B. 有时感到不自在，有时能从这种状态中摆脱出来，与人相叙甚欢

C. 立即加入最活跃的一群，热烈谈话

11. 调整工作习惯后:

A. 很快就习惯了

B. 在起初的两三天感到不习惯

C. 在相当的一段时间内发生紊乱

12. 有人劈头盖脸给了你一顿指责攻击:

A. 头脑清醒、冷静而适度地予以回击

B. 一下蒙了，过后才会想到当时该如何进行反击

C. 在当时就还了几句，但没有切中要害

13. 你事先给一位朋友打电话预约登门拜访，他答应随时恭候。可当你如约前往，他却有急事出去了:

A. 有些不满，但既来之则安之

B. 嘀咕不已

C. 充分利用这一空当，为自己下一步要做的事计划一番

14. 只有在安静的环境中，你才能读书，外面喧哗嘈杂之时你便分心吗?

A. 看热闹程度而定

B. 不是

C. 不，只要不是跟我吵，坐在集市货摊之间也照读不误

15. 同学们总是说小王脾气执拗，难以相处：

A. 倒觉得小王蛮好接近的，大家恐怕太不了解他

B. 说不上对他有什么感觉

C. 也有同感

结果分析

10～15 个 A：心理适应性强

世界千变万化，而你“游刃有余”，生活中的各种压力你常能化之于无形；你过得心情愉快、万事如意，这种精神品质有利于你的心理平衡与健康，你是个生命力旺盛的人。

5～10 个 A：心理适应中等

事物的变化及刺激不会使你失魂落魄，一般情形你都能做出相应的适应反应，可是如果事件比较重大，变得比较突兀，那你的适应期就要延长。你了解这种情况之后，最好预先准备，锻炼自己的快速适应能力。

0～5 个 A：适应能力差

你对世界的变化、生活的摩擦很不习惯，如此磨损你会过早“断裂”的。不过，只要你意识到了，还是有希望改善此种状况的。首先，你要从思想上对那些你总是看不惯的东西冷静地剖析一番，它们真的是十分难以忍受吗？其次，要在心理上具备灵活转移、顺应时变的快速反应能力，不要将自己拘禁在固定模式中。

附录 8　人际关系测试

一、你善于交际吗？

美国著名成功教育家卡耐基先生曾指出：一个人事业的成功，只有 15%是由他的专业技术决定的，另外的 85%，则要靠人际关系。你是否善于交际？你的人缘如何？通过对下面试题的回答，相信你会对自己有一个基本的评价。

1. 你最近一次交朋友，是因为（　　）。

A. 你认为不得不结交

B. 他们喜欢你

C. 你发现这些朋友令人高兴、愉快

2. 当你度假时：

A. 喜欢独自一个人消磨时间

B. 希望交到朋友，可是往往很难做到

C. 通常很容易就交到朋友

3. 你已经定下一个约会，可到时你却疲惫不堪，无法赴约时，你会（　　）。

A. 不赴约了，希望对方会谅解你

B. 去赴约，但问对方如果你早些回家的话，他是否会介意

C. 去赴约，并且尽量显得高兴

4. 一个同事向你吐露了一件极有趣的个人问题，你常常（　　）。

A. 连考虑都没考虑，就把这件事告诉了别人

B. 为同事保密，不把这件事再告诉别人

C. 根据情况决定是否要告诉别人

5. 当你的同事有困难时，你发现（　　）。

A. 他们不愿来麻烦你

B. 只有与你关系密切的少数朋友才来向你求助

C. 他们愿意来找你请求帮助

6. 对于同事的优缺点，你的处置方法是（　　）。

A. 我相信真诚，所以对于我看不惯的缺点，我不得不指出

B. 我既不吹捧奉承，也不求全苛责他们

C. 我喜欢赞扬别人的优点，缺点则尽量回避

7. 你在选择朋友时，你发现（　　）。

A. 你只能同你趣味相同的人们友好相处

B. 兴趣、爱好不同的人偶尔也能谈谈

C. 一般说来你几乎能和任何人合得来

8. 对于同事们的恶作剧，你会（　　）。

A. 感到生气并发怒

B. 看心情和环境，也许和他们一起大笑，也许生气并发怒

C. 和他们一起大笑

9. 对于同事间的矛盾，你喜欢（　　）。

A. 打听、传播

B. 不介入

C. 设法缓和

10. 每天上班以后，对于扫地、打开水一类的琐事，你的态度是（　　）。

A. 想不到做

B. 轮流做

C. 主动做

11. 一位朋友邀请你参加他（她）的生日聚会。可是，任何一位来宾你都不认识：

A. 你借故拒绝，说："那天已经有别的朋友邀请过我了。"

B. 你非常乐意借此去认识他们

C. 你愿意早去一会儿帮助他（她）筹备生日

12. 在街上，一位陌生人向你询问到火车站的路径。这是很难说清楚的，况且，你还有急事：

A. 你让他去向远处的一位警察打听

B. 你把他引向火车站方向

C. 你尽量简单地告诉他

13. 你表弟到你家来，你已经有两个月没有见到过他了。可是，这天晚上，电视上有一部非常精彩的电影：

A. 你让电视开着，与表弟谈论

B. 你关上电视机，让表弟看你假期中的照片

C. 你说服表弟与你一块看电视

14. 你家里给你寄钱来了：

A. 你把钱搁在一边

B. 你买一些东西，如油画、一盏漂亮的灯，装饰一下卧室

C. 和你的朋友们吃一顿

15. 你的邻居要看电影去，让你照看一下他们的小孩。孩子醒后哭了起来：

A. 你关上卧室的门，到餐厅去看书

B. 你看看孩子是否需要什么东西。如果他无故哭闹，你就让他哭去，终究他会停下来的

C. 你把孩子抱在怀里，哼着歌曲想让他入睡

16. 如果你有闲暇，你喜欢干些什么：

A. 待在卧室里听音乐

B. 到商店里买东西

C. 与朋友一起看电影，并与他们一起讨论

17. 当你周围有同事生病住医院时，你常常是（　　）。

A. 有空就去探望，没有空就不去

B. 只探望与你关系密切者

C. 主动探望

18. 如果有人请你去玩或请你在聚会上唱歌，你往往（　　）。

A. 断然拒绝

B. 找个借口推辞掉

C. 饶有兴趣地欣然应邀

19. 对于他人对你的依赖，你的感觉：

A. 避而远之，我不喜欢结交依赖性强的朋友

B. 很好，我喜欢被别人依赖

C. 我并不介意，但我希望我的朋友有一定的独立性

结果分析

选 A 得 1 分，选 B 得 2 分，选 C 得 3 分，请算出你的得分。

分数为 45～60：你非常善于交际，你的伙伴们非常爱你，你总是面带笑容，为别人考虑的比为你自己考虑的要多，朋友们为有你这样一位朋友而感到幸运。

分数为 35～44：你不喜欢独自一个人待着，你需要朋友围在身边。你非常喜欢帮忙——如果这不花费你太多精力的话。

分数为 34 分以下：注意，你是一个不大合群的人，你置身于众人之外，仅仅为自己而活着。你是一位利己主义者。不要奇怪为什么你的朋友这样少，你需要从你的贝壳中走出来，改善一下你同周围人的关系。

二、你善于编织社会关系网吗？

每个人都不是孤立存在的，所有的人都或多或少地与这些关系交织在一起，形成一张很大的关系网，整个社会就是这样的一个网络。对你来说，这张网以你为中心，伸展到所有你曾接触过的人和所有你可能去的地方。

可以说，这张网是你自己亲手织就的，每一个你所结交的新朋友，每一次和朋友的相聚，都是在编织与他人或疏或密的情感纽带，都是在扩展这张网。它在一定程度上决定你未来的道路是平坦还是曲折，是有所谓的“贵人相助”，还是要自己苦苦奋斗。也许在日常的行动中，你很难感觉到这张网的存在，但是每到关键时刻，它总会显示自己的力量，令你大功告成或者壮志难酬。

你想知道自己的人际关系网编织得如何吗？不妨做做下面的测试，它会帮助你找到答案。

1. 你出门旅行时：

A. 通常很容易就交到朋友

B. 喜欢一个人消磨时间

C. 希望结交朋友，但难以做到

2. 你与朋友的友谊能保持多久？

A. 大多是保持稳定的长久的关系

B. 有长有短，志趣相投者通常较长久

C. 弃旧交新是常有的事

3. 你的朋友，首先应具备哪种品质？

A. 使人快乐轻松

B. 诚实可靠、值得信赖

C. 对我有兴趣、关注我

4. 与朋友们相处，你通常的情形是

A. 倾向于赞扬他们的优点

B. 我的信条是不胡乱吹捧，也不苛刻指责

C. 坚持原则，有错我就指出来

5. 走入一个陌生的环境，对那些陌生人，你

A. 常能很快记住他们的名字与某些特点

B. 想记住这些信息，但失败时居多

C. 不去注意这些东西

6. 对你来说，结交人的主要目的是

A. 使自己愉快

B. 希望被人喜欢

C. 想让他们帮我解决问题

7. 结交一位朋友你通常是

A. 通过各种场合的接触

B. 经过时间、困难的考验而决定

C. 由熟人朋友的介绍开始

结果分析

选 A 得 1 分，选 B 得 3 分，选 C 得 2 分。

7～16 分：结网能手。你凡事处理得当，合情合理，很有艺术。无论你走到哪里，笑脸和友谊总是围绕着你，你很受朋友们的欢迎，他们也愿意帮助你，别人都认为你是很有办法的人。

17～26 分：水平中等。你会有不少相处得不错的朋友，但出于各种原因，真正与你肝胆相照的知己却不多，似乎总有层东西隔在你们之间。是你处事欠妥还是缺乏诚意，你可以自己寻找原因。

27～35 分：结网技能较差。虽然你内心渴望友谊，但别人的印象却是你性格孤僻。你常常使自己独立于众人之外，颇有拒人千里的意味。你过去的绝大多数行为都在向人发出这种信号。当然，这种印象可以改变，但需要你长久的顽强努力，也许要花费比建立这个印象更多的时间才能去改变它。也许你生性喜新厌旧，这也无不可。不过切记，再强的人也有软弱和需要他人帮助的时候。

三、你是否善于与人沟通？

人际沟通是现代社会交际的一项重要内容，也是在学校课堂上不曾学习的内容。一个人沟通能力的程度也从侧面反映了其适合从事何种工作。下列测试是你曾遇到或虽未曾遇到但可能发生的事，根据你的想法用“偶尔”、“大多数情况下是”和“总是”做出回答。

1. 当你的朋友遇到伤心事时，你会耐心地开导他吗？
2. 你会组织或参加一些联谊、聚会吗？
3. 单位组织宣传活动，你会积极地参加并卖力地向活动参与者讲解活动吗？
4. 朋友为自己一个聪明的举动或行为得意时，你会很容易地开口赞扬他吗？
5. 你会将喜怒哀乐与朋友分享吗？
6. 与朋友讨论问题时，你会很容易发表意见吗？
7. 你和陌生人谈话时，从不感到紧张吗？
8. 因你的事业、婚姻等问题而与父母、家人意见相左时，你会很明白地向对方阐述你的观点吗？
9. 通常你能很成功地处理他人的无理要求吗？
10. 你刚到一个新单位或新环境，很快便能与其他人像老朋友一样聊开吗？
11. 通常你能将在工作中与上司之间发生的小摩擦巧妙化解吗？
12. 朋友之间闹别扭，你会热心地调节说和吗？
13. 社交环境中，你很容易与他人交谈吗？
14. 在朋友家的聚会上，你会非常乐意认识新朋友吗？
15. 作为一个上司，你通常了解下属在工作中的想法和特点吗？
16. 你通常能说服他人按照你的意见行事吗？
17. 你心爱的一件玻璃工艺品被朋友不小心打碎了，你会将当时你心中的想法告诉他吗？
18. 通常你会心平气和地同恋人或配偶谈论你对对方的看法吗？
19. 通常你会和同事交谈有关生活、工作中的问题吗？
20. 在你工作最紧张的时候，同事生病住院了，你会抽时间去看他吗？

结果分析

答“偶尔”得1分；答“大多数情况下是”得3分；答“总是”得5分。

61 分以上：沟通能力强，喜欢做交际性工作，如教师、导游和销售等。与人打交道时总是精神十足，对别人的事情很感兴趣，但不喜欢同事务打交道，往往有热情、乐于助人、善于合作和富有同情心的优点。

31～60 分：沟通能力次之，适合做创造性工作。通过适当的锻炼可使自己的沟通水平上一个新的台阶。

30 分以下：沟通能力较差，适合做一些技术性工作。往往喜欢和具体事务打交道，而不喜欢同人打交道，喜欢多动手动脑但少动口的工作。

四、你是八面玲珑的人吗？

1. 和同事发生争执，你会不知不觉地提高音量吗？
2. 你叫得出公司里八成以上的人的名字吗？
3. 看到讨厌的人，你会假装没看见吗？
4. 你和主管及同事们相处愉快吗？
5. 遇到不合理的事情，你会抗争到底吗？
6. 昨天才和你吵过架的人，今天你可以愉快地跟他谈天吗？
7. 购物时遇到态度不好的店员，你会跟他起争执吗？
8. 同事帮你买错盒饭，你还是会很感谢地吃完吗？
9. 和朋友出去玩，你是否会很坚持自己的意见？
10. 你认为保持和谐的状态是很重要的事吗？

结果分析

单数题答“是”者得 0 分，答“否”者得 1 分；双数题答“是”者得 1 分，答“否”者得 0 分。

0～4 分：完全自我型

你是个凡事都以自己的感受为第一考量的人。这样的个性，你可以过得很随性、很自我，但是在面对团体生活时，难免会因为太不懂得委屈自己，而招致许多不必要的麻烦。

5～7 分：择善固执型

你可以和他人沟通，但是对某些你认为对的事情，还是十分坚持，认为总是保持微笑是一件很辛苦的事情。最好选择了解你的人当你的合作伙伴。

8～10 分：八面玲珑型

你是个八面玲珑型的人，这并不表示你很伪善，应该说你很能将心中的不满隐忍下来，或者是想办法化解，可说是个很能和别人和谐相处的沟通高手。

附录 9　霍兰德职业性向测验量表

霍兰德职业性向测验量表将帮助你发现和确定自己的职业兴趣和能力特长，从而更好地使你做出求职择业的决策。如果你已经考虑好或选择好了自己的职业，本测验将使你的这种考虑或选择具有理论基础或向你展示其他合适的职业；如果你至今尚未确定职业方向，本测验将帮助你根据自己的情况选择一个恰当的职业目标。

本测验共有七个部分，每部分测验都没有时间限制，但请你尽快按要求完成。

第一部分　你心目中的理想职业（专业）

对于未来的职业（或升学进修的专业）你也许早有考虑，它可能很抽象、很朦胧，也可能很具体、很清晰。不管是哪种情况，现在都请把你最想干的三种工作或最想读的三种专业，按顺序写下来。

1.

2.

3.

第二部分　你所感兴趣的活动

下面列举了一些十分具体的活动。这些活动无所谓好坏，如果你喜欢去参加（包括过去、现在或将来），就请在答题卷的相应题号上的“是”一栏的方框内划个“√，如果不喜欢就请在“否”一栏的方框内划“×”。注意，这一部分测验主要想确定你的职业兴趣，而不是让你选择工作，你喜欢某种活动并不意味着你一定要从事这种活动。答题时不必考虑过去是否干过和是否擅长这种活动，只根据你的兴趣直接判断即可。请务必做完每一道题目。

（一）R 型【现实型活动】

你喜欢做下列事情吗？

1. 装配修理电器。
2. 修理自行车。
3. 装配、修理机器或机器零件。
4. 做木工活。
5. 驾驶卡车或拖拉机。
6. 开机床。
7. 开摩托车。
8. 上金属工艺课。
9. 上机械制图课。
10. 上木工手艺课。
11. 上电气自动化技术课。

（二）I 型【调查型活动】

你喜欢做下列事情吗？

1. 阅读科技书刊。
2. 在实验室工作。
3. 研究某个科研项目。
4. 制作飞机、汽车模型。
5. 做化学实验。
6. 阅读专业性论文。
7. 解一道数学或棋艺难题。
8. 上物理课。
9. 上化学课。
10. 上几何课。
11. 上生物课。

（三）A 型【艺术性活动】

你喜欢做下列事情吗？

1. 素描、制图或绘画。
2. 表演戏剧、小品或相声节目。
3. 设计家具或房屋。
4. 在舞台上演唱或跳舞。
5. 演奏一种乐器。
6. 阅读流行小说。
7. 听音乐会。
8. 从事摄影创作。
9. 阅读电影、电视剧本。
10. 读诗、写诗。
11. 上书法美术课。

（四）S 型【社会型活动】

你喜欢做下列事情吗？

1. 给朋友们写信。
2. 参加学校、单位组织的正式活动。
3. 加入某个社会团体或俱乐部。

4. 帮助别人解决困难。
5. 照看小孩。
6. 参加宴会、茶话会或联欢晚会。
7. 跳交谊舞。
8. 参加讨论会或辩论会。
9. 观看运动会或体育比赛。
10. 寻亲访友。
11. 阅读与人际交往有关的书刊。

（五）E型【企/事业型活动】

你喜欢做下列事情吗？

1. 对他人做劝说工作。
2. 买东西与人讨价还价。
3. 讨论政治问题。
4. 从事个体或独立的经营活动。
5. 出席正式会议。
6. 做演讲。
7. 在社会团体中做一名理事。
8. 检查和评价别人的工作。
9. 结识名流。
10. 带领一群人去完成某项任务。
11. 参与政治活动。

（六）C型【常规型（传统型）活动】

你喜欢做下列事情吗？

1. 保持桌子和房间整洁。
2. 抄写文章或信件。
3. 开发票、写收据或打回条。
4. 打算盘或用计算机计算。
5. 记流水账或备忘录。
6. 上打字课或学速记法。
7. 上会计课。
8. 上商业统计课。
9. 将文件、报告和记录分类与归档。

10. 为领导写公务信函与报告。
11. 检查个人收支情况。

第三部分　你所擅长或胜任的活动

下面从六个方面分别列举一些十分具体的活动，以确定你具备哪一方面的工作特长。回答时，只需考虑你过去或现在对所列活动是否擅长、胜任，不必考虑你是否喜欢这种活动。如果你认为你擅长从事某一活动，就请在答题卷的相应题号上的“是”一栏的方框内划“√”；如果不擅长，就请在“否”一栏的方框内划“×”。注意，你如果从未从事过某一活动，那就请考虑你将来是否会擅长从事该项活动。请务必做完每一道题目。

（一）R 型【现实型能力】

你擅长做或胜任下列事情吗？

1. 使用锯子、钳子、车床和砂轮等工具。
2. 使用万能电表。
3. 给自行车或机器加油，使它们正常运转。
4. 使用钻床、研磨机和缝纫机等。
5. 修整木器家具表面。
6. 看机械、建筑设计图纸。
7. 修理结构简单的家用电器。
8. 制作简单的家具。
9. 绘制机械设计图纸。
10. 修理收录音机的简单部件。
11. 疏通、修理自来水管或下水道。

（二）I 型【调研型能力】

你擅长做或胜任下列事情吗？

1. 了解真空管的工作原理。
2. 知道三种以上蛋白质含量高的食物。
3. 知道一种放射性元素的“半衰期”。
4. 使用对数表。
5. 使用计算器或计算尺。
6. 使用显微镜。
7. 辨认 3 个星座。

8. 说明白细胞的功能。
9. 解释简单的化学分子式。
10. 理解人造卫星不会落地的道理。
11. 参加科技竞赛或科研成果交流会。

（三）A 型【艺术型能力】

你擅长做或胜任下列事情吗？
1. 演奏一种乐器。
2. 参加二重唱或四重唱表演。
3. 独奏或独唱。
4. 扮演剧中角色。
5. 说书或讲故事。
6. 表演现代舞或芭蕾舞。
7. 人物素描。
8. 油画或雕塑。
9. 制造陶器、捏泥塑或剪纸。
10. 设计服装、海报或家具。
11. 写得一手好文章。

（四）S 型【社会型能力】

你擅长做或胜任下列事情吗？
1. 善于向别人解释问题。
2. 参加慰问或救济活动。
3. 擅长与人合作，配合默契。
4. 殷勤待客。
5. 能深入浅出地教育儿童。
6. 为一次宴会安排娱乐活动。
7. 帮助他人解决困难。
8. 帮助护理病人或伤员。
9. 安排学校或社团组织的各种集体事务。
10. 善察人心或善于判断人的性格。
11. 善与年长者相处。

（五）E型【企业型能力】

你擅长做或胜任下列事情吗？

1. 在学校里当过班干部并且干得不错。
2. 善于督促他人工作。
3. 善于使他人按你的习惯做事。
4. 做事具有超常的经历和热情。
5. 能做一个称职的推销员。
6. 代表某个团体向有关部门提出建议或反映意见。
7. 担任某种领导职务期间获过奖或受到表扬。
8. 说服别人加入你所在的团体（俱乐部、运动队、工作组或研究组等）。
9. 创办一家商店或企业。
10. 知道如何做一位成功的领导人。
11. 有很好的口才。

（六）C型【常规型能力】

你擅长做或胜任下列事情吗？

1. 一天能誊抄近一万字。
2. 熟练地使用算盘或计算器。
3. 能够熟练地使用中文打字。
4. 善于将书信、文件迅速归档。
5. 做过办公室职员工作且干得不错。
6. 核对数据或文章时既快又准确。
7. 会使用外文打字机或复印机。
8. 善于在短时间内分类和处理大量文件。
9. 记账或开发票时既快又准确。
10. 善于为自己或集体作财务预算（表）。
11. 能迅速誊清贷方和借方的账目。

第四部分　你所喜欢的职业

下面列举了许多职业，对这些职业的基本情况你或多或少都有所了解，并在此基础上形成了自己的评价态度。如果你对某项职业喜欢的话，请在答题卷的相应题号上的“是”一栏中打“√”，如果不喜欢则请在“否”一栏中打“×”。

这一部分测验也要求每题必做。

（一）R 型【现实型职业】

你喜欢做下列事情吗？

1. 飞行机械技术人员。
2. 鱼类和野生动物专家。
3. 自动化工程技术人员。
4. 木工。
5. 机床安装工或钳工。
6. 电工。
7. 无线电报务员。
8. 长途汽车司机。
9. 火车司机。
10. 机械师。
11. 测绘、水文技术人员。

（二）I 型【调研型职业】

你喜欢做下列事情吗？

1. 气象研究人员。
2. 生物学研究人员。
3. 天文学研究人员。
4. 药剂师。
5. 人类学研究人员。
6. 化学研究人员。
7. 杂志编辑。
8. 植物学研究人员。
9. 物理学研究人员。
10. 科普工作者。
11. 地质学研究人员。

（三）A 型【艺术型职业】

你喜欢下列职业吗？

1. 诗人。
2. 文学艺术评论家。
3. 作家。

4. 记者。
5. 歌唱家或歌手。
6. 作曲家。
7. 剧本写作人员。
8. 画家。
9. 相声演员。
10. 乐团指挥。
11. 演员。

（四）S型【社会型职业】

你喜欢下列职业吗？
1. 街道、工会或妇联负责人。
2. 中学教师。
3. 青少年犯罪问题专家。
4. 中学校长。
5. 心理咨询人员。
6. 精神病医生。
7. 职业介绍所工作人员。
8. 导游。
9. 青年团负责人。
10. 福利机构负责人。
11. 婚姻介绍所工作人员。

（五）E型【企业型职业】

你喜欢下列职业吗？
1. 供销科长。
2. 推销员。
3. 旅馆经理。
4. 商店管理费用人员。
5. 厂长。
6. 律师或法官。
7. 电视剧制作人。
8. 饭店或饮食店经理。
9. 人民代表。

10. 服装批发商。
11. 企业管理咨询人员。

（六）C型【常规型职业】

你喜欢下列职业吗？
1. 簿记员。
2. 会计师。
3. 银行出纳员。
4. 法庭书记员。
5. 人口普查登记员。
6. 成本核算员。
7. 税务工作者。
8. 校对员。
9. 打字员。
10. 办公室秘书。
11. 质量检查员。

附录10　霍兰德职业性向测验答题卷

第一部分　你心目中的理想职业（专业）

1.
2.
3.

第二部分　你所感兴趣的活动

R型

题号	是	否
1	□	□
2	□	□
3	□	□
4	□	□
5	□	□

I型

题号	是	否
1	□	□
2	□	□
3	□	□
4	□	□
5	□	□

A型

题号	是	否
1	□	□
2	□	□
3	□	□
4	□	□
5	□	□

6	☐	☐	6	☐	☐	6	☐	☐
7	☐	☐	7	☐	☐	7	☐	☐
8	☐	☐	8	☐	☐	8	☐	☐
9	☐	☐	9	☐	☐	9	☐	☐
10	☐	☐	10	☐	☐	10	☐	☐
11	☐	☐	11	☐	☐	11	☐	☐
“是”的总数:			“是”的总数:			“是”的总数:		

S型			E型			C型		
题号	是	否	题号	是	否	题号	是	否
1	☐	☐	1	☐	☐	1	☐	☐
2	☐	☐	2	☐	☐	2	☐	☐
3	☐	☐	3	☐	☐	3	☐	☐
4	☐	☐	4	☐	☐	4	☐	☐
5	☐	☐	5	☐	☐	5	☐	☐
6	☐	☐	6	☐	☐	6	☐	☐
7	☐	☐	7	☐	☐	7	☐	☐
8	☐	☐	8	☐	☐	8	☐	☐
9	☐	☐	9	☐	☐	9	☐	☐
10	☐	☐	10	☐	☐	10	☐	☐
11	☐	☐	11	☐	☐	11	☐	☐
“是”的总数:			“是”的总数:			“是”的总数:		

第三部分　你所擅长或胜任的活动

R型			I型			A型		
题号	是	否	题号	是	否	题号	是	否
1	☐	☐	1	☐	☐	1	☐	☐
2	☐	☐	2	☐	☐	2	☐	☐
3	☐	☐	3	☐	☐	3	☐	☐
4	☐	☐	4	☐	☐	4	☐	☐
5	☐	☐	5	☐	☐	5	☐	☐
6	☐	☐	6	☐	☐	6	☐	☐
7	☐	☐	7	☐	☐	7	☐	☐
8	☐	☐	8	☐	☐	8	☐	☐

题号	是	否
9	☐	☐
10	☐	☐
11	☐	☐

“是”的总数：

题号	是	否
9	☐	☐
10	☐	☐
11	☐	☐

“是”的总数：

题号	是	否
9	☐	☐
10	☐	☐
11	☐	☐

“是”的总数：

S 型

题号	是	否
1	☐	☐
2	☐	☐
3	☐	☐
4	☐	☐
5	☐	☐
6	☐	☐
7	☐	☐
8	☐	☐
9	☐	☐
10	☐	☐
11	☐	☐

“是”的总数：

E 型

题号	是	否
1	☐	☐
2	☐	☐
3	☐	☐
4	☐	☐
5	☐	☐
6	☐	☐
7	☐	☐
8	☐	☐
9	☐	☐
10	☐	☐
11	☐	☐

“是”的总数：

C 型

题号	是	否
1	☐	☐
2	☐	☐
3	☐	☐
4	☐	☐
5	☐	☐
6	☐	☐
7	☐	☐
8	☐	☐
9	☐	☐
10	☐	☐
11	☐	☐

“是”的总数：

第四部分　你所喜欢的职业

R 型

题号	是	否
1	☐	☐
2	☐	☐
3	☐	☐
4	☐	☐
5	☐	☐
6	☐	☐
7	☐	☐
8	☐	☐
9	☐	☐
10	☐	☐
11	☐	☐

“是”的总数：

I 型

题号	是	否
1	☐	☐
2	☐	☐
3	☐	☐
4	☐	☐
5	☐	☐
6	☐	☐
7	☐	☐
8	☐	☐
9	☐	☐
10	☐	☐
11	☐	☐

“是”的总数：

A 型

题号	是	否
1	☐	☐
2	☐	☐
3	☐	☐
4	☐	☐
5	☐	☐
6	☐	☐
7	☐	☐
8	☐	☐
9	☐	☐
10	☐	☐
11	☐	☐

“是”的总数：

S型 题号	是	否	E型 题号	是	否	C型 题号	是	否
1	□	□	1	□	□	1	□	□
2	□	□	2	□	□	2	□	□
3	□	□	3	□	□	3	□	□
4	□	□	4	□	□	4	□	□
5	□	□	5	□	□	5	□	□
6	□	□	6	□	□	6	□	□
7	□	□	7	□	□	7	□	□
8	□	□	8	□	□	8	□	□
9	□	□	9	□	□	9	□	□
10	□	□	10	□	□	10	□	□
11	□	□	11	□	□	11	□	□
“是”的总数:			“是”的总数:			“是”的总数:		

第五部分　你的能力类型简评

下面是你在 6 个职业能力方面的自我评分表。你可以先与同龄人比较一下自己在每一方面的能力，然后斟酌自己的能力并作出评价。评分时请在表中适当的数字上画圈。数值越大表示你的能力越强。

注意，请勿全部圈画同样的数字，因为人的每项能力不可能完全一样。

能力类型表

机械操作能力	科学研究能力	艺术创造能力	解释表达能力	商业洽谈能力	事务执行能力
7	7	7	7	7	7
6	6	6	6	6	6
5	5	5	5	5	5
4	4	4	4	4	4
3	3	3	3	3	3
2	2	2	2	2	2
1	1	1	1	1	1

技能类型表

体力技能	数学技能	音乐技能	交际技能	领导技能	办公技能
7	7	7	7	7	7
6	6	6	6	6	6
5	5	5	5	5	5
4	4	4	4	4	4
3	3	3	3	3	3
2	2	2	2	2	2
1	1	1	1	1	1

第六部分 统计和确定你的职业倾向

请将第二部分至第五部分的全部测验分数按前面已统计好的 6 种职业倾向（R 型、I 型、A 型、S 型、E 型和 C 型）得分填入下表，并作纵向累加。

测试	R 型	I 型	A 型	S 型	E 型	C 型
第二部分						
第二部分						
第二部分						
第二部分						
总分						

请将上表中的 6 种职业倾向按总分大小顺序依次从左到右重新排列：

________型、________型、________型、________型、________型、________型

你的职业倾向性得分是：________型，最高分为：________型，最低分为：________型。

得分最高的职业类型是最适合你的职业。例如，假如你在 I 型上得分最高，说明你适合做自然科学方面的研究工作，如气象研究、生物学研究、天文学研究或科学杂志编辑等，其余类推。

如果最适合你的工作和你在第一部分所写的理想工作之间不太一致，或者在各种类型的职业上你的能力和兴趣不相匹配，那么请你参照第七部分——你的职业价值观来作出最佳选择。例如，假如第二部分你在 I 型上得分最高，但第三部分你在 A 型上得分高，那么请参考你最看重的因素：假如你最看重 8 能充分发挥自己的能力特长，或 2 工作环境舒适，那么 A 型工作最适合你；假如你最看重 10 能从事自己感兴趣的工作，或 4 工作稳定有保障，那么 I 型工作最适合你；假如你最看重的是其他因素，那么请向 A 型职业方面的专家咨询，选择和你的职业价值观最接近的工作。

第七部分 你所看重的东西—职业价值观

这一部分测验，列出了人们在选择工作时通常会考虑到的 9 项工作价值标准。请你在其中选出对你最重要的两项因素和最不重要的两项因素，并将序号填入下面相应空格上。

最重要：__________

最不重要：__________

次重要：__________

次不重要：__________

1．工资高、福利好。

2．工作环境（物质方面）舒适。

3．人际关系良好。

4．工作稳定有保障。

5．能提供较好的受教育机会。

6．有较高的社会地位。

7．工作不太紧张、外部压力少。

8．能充分发挥自己的能力特长。

9．社会需要与社会贡献较大。

10．能从事自己感兴趣的工作。

以上全部测验完毕。

现在，将你测验得分居第一位的职业类型找出来，对照下面的职业索引，判断一下自己适合的职业类型。

职业索引——职业兴趣代号与其相应的职业：

1．R（现实型）：木匠、农民、操作 X 光的技师、工程师、飞机机械师、鱼类和野生动物专家、自动化技师、机械工（车工、钳工等）、电工、无线电报务员、火车司机、长途公共汽车司机、机械制图员、机器修理工和电器维修员。

2．I（调查型）：气象学者、生物学者、天文学家、药剂师、动物学者、化学家、科学报刊编辑、地质学者、植物学者、物理学者、数学家、实验员、科研人员和科技作者。

3．A（艺术型）：室内装饰专家、图书管理专家、摄影师、音乐教师、作家、演员、记者、诗人、作曲家、编剧、雕刻家和漫画家。

4．S（社会型）：社会学者、导游、福利机构工作者、咨询人员、社会工作者、社会科学教师、学校领导、精神病工作者和公共保健护士。

5．E（企业型）：推销员、进货员、商品批发员、旅馆经理、饭店经理、广告宣传员、调度员、律师、政治家和零售商。

6．C（常规型）：记账员、会计、银行出纳、法庭速记员、成本估算员、税务员、核算员、打字员、办公室职员、统计员、计算机操作员和秘书。

下面介绍与你3个代号的职业兴趣类型一致的职业表，对照的方法如下：首先根据你的职业兴趣代号，在下表中找出相应的职业，例如你的职业兴趣代号是RIA，那么牙科技术人员、陶工等是适合你兴趣的职业。然后寻找与你的职业兴趣代号相近的职业，如你的职业兴趣代号是RIA，那么，其他由这三个字母组合成的编号（如IRA，IAR，ARI等）对应的职业，也较适合你的兴趣。

RIA：牙科技术员、陶工、建筑设计员、模型工、细木工和制作链条人员。

RIS：厨师、林务员、跳水员、潜水员、染色员、电器修理工、眼镜制作工、电工、纺织机器装配工、服务员、装玻璃工人、发电厂工人和焊接工。

RIE：建筑和桥梁工程、环境工程、航空工程、公路工程、电力工程、信号工程、电话工程、一般机械工程、自动工程、矿业工程、海洋工程、交通工程技术人员、制图员、家政经济人员、计量员、农民、农场工人、农业机器操作员、清洁工、无线电修理工、汽车修理工、手表修理工、管子工、线路装配工和工具仓库管理员。

RIC：船上工作人员、接待员、杂志保管员、牙医助手、制帽工、磨坊工、石匠、机器制造工、机车（火车头）制造工、农业机器装配员、汽车装配工、缝纫机装配工、钟表装配和检验员、电动器具装配工、鞋匠、锁匠、货物检验员、电梯机修工、托儿所所长、钢琴调音员、装配工、印刷工、建筑钢铁工人和卡车司机。

RAI：手工雕刻、玻璃雕刻、制作模型人员，家具木工，制作皮革品、手工绣花、手工钩针编织员，排字工人，印刷工人，图画雕刻和装订工。

RSE：消防员、交通巡警、警察、门卫、理发师、房间清洁工、屠夫、锻工、开凿工人、管道安装工、出租汽车驾驶员、货物搬运工、送报员、勘探员、娱乐场所的服务员、起卸机操作工、灭害虫者、电梯操作工和厨房助手。

RSI：纺织工、编织工、农业学校教师、某些职业课程教师（诸如艺术、商业、技术、工艺课程）和雨衣上胶工。

REC：抄水表员、保姆、实验室动物饲养员和动物管理员。

REI：轮船船长、航海领航员、大副和试管实验员。

RES：旅馆服务员、家畜饲养员、渔民、渔网修补工、水手长、收割机操作工、搬运行李工人、公园服务员、救生员、登山导游、火车工程技术员、建筑工人和铺轨工人。

RCI：测量员、勘测员、仪表操作者、农业工程技术员、化学工程技师、民用工程技师、石油工程技师、资料室管理员、探矿工、煅烧工、烧窑工、矿工、保养工、磨床工、取样工、样品检验员、纺纱工、炮手、漂洗工、电焊工、锯木工、刨床工、制帽工、手工缝纫工、油漆工、染色工、按摩工、木匠、农民建筑工人、电影放映员和勘测员助手。

RCS：公共汽车驾驶员、水手、游泳池服务员、裁缝、建筑工人、石匠、烟囱修建工、混凝土工、电话修理工、爆破员、邮递员、矿工、裱糊工人和纺纱工。

RCE：打井工、吊车驾驶员、农场工人、邮件分类员、铲车司机和拖拉机司机。

IAS：普通经济学家、农场经济学家、财政经济学家、国际贸易经济学家、实验心理学家、工程心理学家、心理学家、哲学家、内科医生和数学家。

IAR：人类学家、天文学家、化学家、物理学家、医学病理学家、动物标本剥制者、化石修复者和艺术品管理员。

ISE：营养学家、饮食顾问、火灾检查员和邮政服务检查员。

ISC：侦察员、电视播音室修理员、电视修理服务员、验尸室人员、编目录者、医学实验室技师和调查研究者。

ISR：水生生物学者、昆虫学者、微生物学家、配镜师、矫正视力者、细菌学家、牙科医生和骨科医生。

ISA：实验心理学家、普通心理学家、发展心理学家、教育心理学家、社会心理学家、临床心理学家、目录学家、皮肤病学家、精神病学家、妇产科医生、眼科医生、五官科医生、医学实验室技术专家、民航医务人员和护士。

IES：细菌学家、生理学家、化学专家、地质专家、地理物理学专家、纺织技术专家、医院药剂师、工业药剂师和药房营业员。

IEC：档案保管员、保险统计员。

ICR：质量检验技术员、地质学技师、工程师、法官、图书馆技术辅导员、计算机操作员、医院听诊员和家禽检查员。

IRA：地理学家、地质学家、水文学家、矿物学家、古生物学家、石油学家、地震学家、声学物理学家、原子和分子物理学家、电学和磁学物理学家、气象学家、设计审核员、人口统计学家、数学统计学家、外科医生、城市规划家和气象员。

IRS：流体物理学家、物理海洋学家、等离子体物理学家、农业科学家、动物学家、食品科学家、园艺学家、植物学家、细菌学家、解剖学家、动物病理学家、作物病理学家、药物学家、生物化学家、生物物理学家、细胞生物学家、临床化学家、遗传学家、分子生物学家、质量控制工程师、地理学家、兽医和放射治疗技师。

IRE：化验员、化学工程师、纺织工程师、食品技师、渔业技术专家、材料和测试工程师、电气工程师、土木工程师、航空工程师、行政官员、冶金专家、原子核工程师、陶瓷工程师、地质工程师、电力工程师、口腔科医生和牙科医生。

IRG：飞机领航员、飞行员、物理实验室技师、文献检查员、农业技术专家、动植物技术专家、生物技师、油管检查员、工商业规划者、矿藏安全检查员、纺织品检验员、照相机修理者、工程技术员、程序员、工具设计者和仪器维修工。

CRI：簿记员、会计、记时员、铸造机操作工、打字员、按键操作工和复印机操作工。

CRS：仓库保管员、档案管理员、缝纫工、讲述员和收银员。

CRE：标价员、实验室工作者、广告管理员、自动打字机操作员、电动机装配工和缝纫机操作工。

CIS：客服人员、报刊发行员、土地测量员、保险公司职员、会计师、估价员、邮政检查员和外贸检查员。

CIE：打字员、统计员、支票记录员、订货员、校对和办公室工作人员。

CIR：校对员、工程职员、检修计划员和发报员。

CSE：接待员、通信员、电话接线员、卖票员、旅馆服务员、文员、商学教师和旅游办事员。

CSR：运货代理商、铁路职员、交通检查员、办公室通信员、簿记员、出纳员和银行财务职员。

CSA：秘书、图书管理员和办公室办事员。

CER：邮递员、数据处理员和航空邮件检查员。

CEI：推销员、经济分析家。

CES：银行会计、记账员、私人秘书、速记员和法院工作人员。

EC1：银行行长、审记员、信用管理员、地产管理员和商业管理员。

ECS：信用卡推销员、保险人员、各类进货员、海关服务经理、售货员、采购人员和会计。

ERI：建筑物业管理员、工业工程师、农场管理员、护士长和农业经营管理人员。

ERS：仓库管理员、房屋管理员和货栈监督管理员。

ERC：邮政局长、渔船船长、机械操作领班、木工领班、瓦工领班和车队领班。

EIR：科技出版物工作人员。

EIC：专利代理人、鉴定人、运输服务检查员、安全检查员和废品收购人员。

EIS：警官、侦察员、交通检验员、安全咨询员、合同管理者和商人。

EAS：法官、律师和公证员。

FAR：展览室管理员、舞台管理员、播音员和驯兽师。

ESC：理发师、裁判员、政府行政管理员、财政管理员、工程管理员、职业病防治人员、售货员、商业经理、办公室主任、人事负责人和调度员。

ESR：家具售货员、书店售货员、公共汽车驾驶员、日用品售货员、护士长和行政领导。

ESI：博物馆管理员、图书馆管理员、古迹管理员、饮食业经理、地区安全服务管理员、技术服务咨询者、超级市场管理员、零售店店员、批发商和出租汽车服务站调度。

ESA：博物馆馆长、报刊管理员、音乐器材售货员、导游、（轮船或班机上的）事务长、飞机上的服务员、船员、法官和律师。

ASE：戏剧导演、舞蹈教师、广告撰稿人、报刊专栏作者、记者、演员和英语翻译。

ASI：音乐教师、乐器教师、美术教师、管弦乐指挥、合唱队指挥、歌星、演奏家、哲学家、作家、广告经理和时装模特。

AER：新闻摄影师、电视摄像师、艺术指导、录音指导、丑角演员、魔术师、木偶戏演员、骑士和跳水员。

AEI：音乐指挥、舞台指导和电影导演。

AES：流行歌手、舞蹈演员、电影导演、广播节目主持人、舞蹈教师、口技表演者、喜剧演员和模特。

AIS：画家、剧作家、编辑、评论家、时装艺术大师、新闻摄影师、男演员和作家。

AIE：花匠、皮衣设计师、工业产品设计师、剪影艺术家和复制雕刻品大师。

AIR：建筑师、画家、摄影师、绘图员、环境美化工、雕刻家、包装设计师、陶器设计师、绣花工和漫画家。

SEC：社会活动家、公务员、工商会事务代表、教育咨询者、宿舍管理员、旅馆经理和餐饮行业工作者。

SER：体育教练、游泳教练。

SEI：大学校长、学院院长、医院行政管理员、历史学家、家政经济学家、职业学校教师和资料员。

SEA：娱乐活动管理员、国外服务办事员、社会服务助理、一般咨询者和宗教教育工作者。

SCE：部长助理、福利机构职员、生产协调人、环境卫生管理人员、戏院经理、餐馆经理和售票员。

SRI：外科医师助手、医护工作者。

SRE：体育教师、职业病治疗者、体育教练、专业运动员、房管员、儿童家庭教师、警察、引座员、传达员和保姆。

SRC：护理人员、护理助理、医院勤杂工、理发师和学校服务人员。

结束语

崭新的大学生活刚刚开始，希望你带着自己的职业蓝图，踏上打造自己职场装备的路途。大学时光稍纵即逝！愿你的职业梦想陪伴你努力拼搏，最终如愿走向成功的职场，奔向属于你的明天、属于你的辉煌！